marabout**chef**

les meilleures salades

marabout**chef**

les meilleures salades

pour vous mettre en appétit...

66

Canard croustillant aux figues

70

Salade tiède au canard, aux pommes et aux noix

74

Canard à la pékinoise et litchis

88

Agneau grillé et mesclun

96

Lentilles brunes à la courgette et au chorizo

104

Légumes-racines rôtis au citron et à la feta

108

Salade de chèvre chaud aux noix

110

Sauce crémeuse à l'origan et aux câpres

Entrées

D'entrée, frappez fort ! Une mangue juteuse, quelques crevettes fraîches ou du poulet à l'ail aiguiseront l'appétit de vos convives. Bien que les recettes de ce chapitre avec leurs petites portions et leurs sauces légères soient proposées en hors-d'œuvre, la plupart d'entre elles peuvent aussi constituer un repas complet très nourrissant.

Salade de crabe et papaye verte

Pour 6 personnes

Préparation 20 minutes

400 g de chair de crabe cuit, émiettée
1 papaye verte moyenne (350 g), râpée grossièrement
50 g de noix de coco fraîche, râpée grossièrement
20 g de menthe fraîche, hachée grossièrement
1 petit piment rouge thaï frais, haché finement
18 grandes feuilles de bétel

Sauce à la noix de coco
1 c. à s. d'huile d'arachide
1 c. à s. de jus de citron vert
2 c. à s. de crème de coco
2 c. à c. de nuoc-mâm

1. Préparez la sauce à la noix de coco.

2. Dans un saladier, mélangez ensemble le crabe, la papaye, la noix de coco, la menthe, le piment et la sauce.

3. Répartissez ce mélange sur les feuilles de bétel.

Sauce à la noix de coco Versez les ingrédients dans un shaker pour sauce à salade. Fermez puis secouez énergiquement.

Par portion *129 kcal ; 7,3 g de lipides (dont 3,9 g de graisses saturées) ; 4,6 g de glucides ; 10 g de protéines ; 2,8 g de fibres*

Astuce *Pour ouvrir la noix de coco, percez un des « yeux » puis faites-la rôtir brièvement dans un four très chaud jusqu'à ce que des fissures apparaissent dans la coque. Laissez refroidir la noix de coco, puis cassez-la et râpez sa pulpe.*

Salade à l'avocat et aux crevettes

Pour 6 personnes

Préparation et cuisson 40 minutes

12 très grosses crevettes non cuites (840 g)
50 g de chapelure
2 c. à s. de parmesan râpé finement
1 c. à c. de zeste de citron vert râpé finement
2 c. à s. de farine ordinaire
1 œuf battu légèrement
huile végétale pour la friture
60 g de pousses d'épinards
3 avocats moyens (750 g), coupés en tranches épaisses
1 long piment rouge frais, haché finement

Mayonnaise au citron et au piment
150 g de mayonnaise
1 petit piment rouge thaï frais, haché finement
1 c. à s. de jus de citron vert

1. Préparez la mayonnaise au citron et au piment.

2. Décortiquez les crevettes et ôtez les petits boyaux. Laissez les queues intactes.

3. Dans un saladier, mélangez la chapelure avec le parmesan et le zeste de citron vert. Tournez les crevettes dans la farine puis secouez-les pour en éliminer l'excédent. Plongez-les ensuite dans l'œuf battu puis tournez-les dans la chapelure.

4. Faites chauffer l'huile dans un wok. Faites-y frire les crevettes en plusieurs fois jusqu'à ce qu'elles soient légèrement dorées. Égouttez-les sur du papier absorbant.

5. Répartissez les épinards, les avocats et les crevettes sur les assiettes. Parsemez de piment haché et arrosez de mayonnaise au citron et au piment.

Mayonnaise au citron et au piment Mélangez tous les ingrédients dans un bol.

Par portion *423 kcal ; 36,6 g de lipides (dont 6,7 g de graisses saturées) ; 13,9 g de glucides ; 19,9 g de protéines ; 2,3 g de fibres*

Conseil *Pour faire vous-même votre chapelure, râpez ou émiettez du pain blanc rassis dans un robot. Votre chapelure sera plus légère que celle du commerce. Dans cette recette, vous pourrez la mélanger au parmesan.*
Pour la friture, veillez à ce que l'huile arrive à mi-hauteur des aliments. Faites frire jusqu'à ce que les aliments soient dorés et croustillants puis tournez-les et faites-les dorer de l'autre côté.

Nouilles à la roquette et aux mandarines

Pour 6 personnes

Préparation et cuisson 20 minutes

180 g de nouilles soba
2 mandarines moyennes (400 g), pelées et coupées en morceaux
2 ciboules émincées
80 g de pignons de pin grillés
40 g de petites feuilles de roquette

Vinaigrette à la mandarine
60 ml d'huile d'olive
60 ml de jus de mandarine
1 c. à s. de vinaigre de riz

1. Faites cuire les nouilles dans une casserole d'eau bouillante sans couvrir. Égouttez-les, rincez-les sous l'eau froide puis égouttez-les de nouveau.

2. Pendant ce temps, préparez la vinaigrette à la mandarine.

3. Dans un grand saladier, mélangez les nouilles et la vinaigrette. Ajoutez les autres ingrédients et remuez.

Vinaigrette à la mandarine Versez les ingrédients dans un shaker pour sauce à salade. Fermez puis secouez énergiquement.

Par portion *302 kcal ; 18,9 g de lipides (dont 1,9 g de graisses saturées) ; 26 g de glucides ; 5,8 g de protéines ; 2,8 g de fibres*

Salade de concombre au crabe

Pour 10 personnes

Préparation 15 minutes

500 g de chair de crabe cuit, émiettée
10 g de feuilles de coriandre fraîche, hachées grossièrement
10 g de menthe fraîche, hachée grossièrement
2 petits concombres libanais (260 g), taillés en rubans
15 g de petites feuilles de mizuna

Sauce citronnée et pimentée
60 ml de jus de citron vert
1 c. à s. de sauce soja claire
1 c. à s. d'huile d'arachide
2 c. à c. de sucre de palme râpé
1 long piment rouge frais, haché finement
1 gousse d'ail écrasée

1. Préparez la sauce citronnée et pimentée.

2. Dans un récipient, mélangez délicatement le crabe avec les herbes et la sauce.

3. Répartissez les concombres sur les assiettes, ainsi que le crabe aux herbes et les feuilles de mizuna.

Sauce citronnée et pimentée Versez les ingrédients dans un shaker pour sauce à salade. Fermez puis secouez énergiquement.

Par portion *56 kcal ; 2,2 g de lipides (dont 0,4 g de graisses saturées) ; 2,1 g de glucides ; 6,7 g de protéines ; 0,5 g de fibres*

Aubergines et sauce au houmous

Pour 6 personnes

Préparation et cuisson 1 heure 20 + repos

6 petites aubergines (360 g) coupées en deux dans le sens de la longueur
1 c. à s. d'huile d'olive
6 tranches de prosciutto (90 g)
150 g de tomates séchées marinées dans l'huile, égouttées
120 g d'olives noires dénoyautées
6 bocconcinis (360 g)
1 c. à s. de persil plat frais
30 g de trévise
30 g de roquette
12 grissini (80 g)

Sauce au houmous
65 g de pois chiches secs
1 gousse d'ail coupée en quatre
2 c. à s. de jus de citron
2 c. à c. de tahini
2 c. à c. d'huile d'olive

1. Préparez la sauce au houmous.

2. Préchauffez le four à 220 °C (200 °C pour un four à chaleur tournante).

3. Tournez les aubergines dans l'huile d'olive. Faites-les cuire en plusieurs fois dans une poêle-gril bien chaude.

4. Étalez le prosciutto sur une plaque de cuisson recouverte de papier sulfurisé en une seule couche. Déposez une feuille de papier sulfurisé dessus. Posez une autre plaque de cuisson par-dessus le tout pour aplatir le prosciutto. Faites cuire 10 minutes au four pour que le prosciutto soit croustillant.

5. Répartissez les tomates séchées, les olives, les bocconcinis, le persil, les feuilles de trévise et de roquette, le prosciutto et les aubergines sur les assiettes. Arrosez de sauce au houmous. Servez avec les grissini.

Sauce au houmous Versez les pois chiches dans un saladier, recouvrez-les d'eau froide et laissez-les tremper jusqu'au lendemain. Égouttez-les et versez-les dans une petite casserole. Recouvrez-les d'eau froide. Portez à ébullition. Baissez le feu, couvrez puis laissez frémir 50 minutes. Égouttez en réservant 60 ml de liquide. Dans un robot, mixez ensemble les pois chiches, l'ail, le jus de citron, le tahini, l'huile d'olive et les 60 ml d'eau de cuisson jusqu'à obtention d'une sauce lisse.

Par portion *383 kcal ; 19,3 g de lipides (dont 7,5 g de graisses saturées) ; 28,1 g de glucides ; 20,6 g de protéines ; 7,7 g de fibres*

Note *Vous pouvez remplacer les pois chiches secs par des pois chiches en boîte (400 g), rincés et égouttés, ou acheter du houmous tout fait chez un traiteur ou dans un supermarché.*

Salade aux fèves et au fromage de chèvre

Pour 4 personnes

Préparation et cuisson 30 minutes

1 c. à c. de cumin en poudre
1 c. à c. de coriandre en poudre
½ c. à c. de fenouil en poudre
½ c. à c. de paprika fort
55 g d'amandes
1 blanc d'œuf battu légèrement
120 g de fèves écossées, fraîches ou surgelées
1 branche de céleri (150 g) parée et émincée
20 g de feuilles de menthe fraîche
½ petit oignon rouge (50 g) émincé
120 g de fromage de chèvre frais, émietté

Sauce citronnée à la menthe
60 ml d'huile d'olive
1 c. à s. de jus de citron vert
1 c. à s. de menthe fraîche ciselée

1. Préchauffez le four à 200 °C (180 °C pour un four à chaleur tournante). Huilez une plaque de cuisson et recouvrez-la de papier sulfurisé.

2. Dans un saladier, mélangez ensemble toutes les épices. Plongez les amandes dans le blanc d'œuf puis tournez-les dans les épices. Étalez-les sur la plaque de cuisson.

3. Faites griller les amandes 10 minutes en remuant de temps en temps. Laissez refroidir.

4. Pendant ce temps, préparez la sauce citronnée à la menthe.

5. Dans un plat de service, mélangez ensemble les fèves, le céleri, la menthe, l'oignon et la sauce. Parsemez d'amandes et de fromage de chèvre.

Sauce citronnée à la menthe Versez les ingrédients dans un shaker pour sauce à salade. Fermez puis secouez énergiquement.

Par portion *300 kcal ; 27 g de lipides (dont 5 g de graisses saturées) ; 2,8 g de glucides ; 10,2 g de protéines ; 4 g de fibres*

Salade ceviche au saumon

Pour 4 personnes

Préparation 25 minutes

2 oranges moyennes (480 g)
400 g de saumon cru (qualité sashimi), coupé en tranches fines
175 g de cresson nettoyé

Vinaigrette à l'orange et à l'aneth
1 c. à s. de vinaigre de vin blanc
1 c. à s. de câpres rincées et égouttées
2 c. à c. d'aneth frais ciselé

1. Pelez les oranges à vif et détachez les quartiers au-dessus d'un bol. Réservez 60 ml de jus pour la vinaigrette.

2. Préparez la vinaigrette à l'orange et à l'aneth.

3. Mélangez le saumon et la moitié de la vinaigrette dans un récipient. Laissez reposer 5 minutes.

4. Dans un grand saladier, mélangez la préparation au saumon avec le reste de vinaigrette, le cresson et les quartiers d'orange.

Vinaigrette à l'orange et à l'aneth Versez le vinaigre, les câpres, l'aneth et les 60 ml de jus d'orange dans un shaker pour sauce à salade. Fermez puis secouez énergiquement.

Par portion *185 kcal ; 7,3 g de lipides (dont 1,6 g de graisses saturées) ; 7,4 g de glucides ; 21 g de protéines ; 2,6 g de fibres*

Note *Le poisson doit être d'une fraîcheur irréprochable. Choisissez du poisson « pour sashimi », lequel doit répondre à des critères sanitaires extrêmement stricts après avoir été pêché. Soyez très vigilant avant de consommer du poisson cru.*
Le ceviche est une spécialité latino-américaine. Il s'agit d'une marinade dans laquelle du poisson cru coupé en tranches fines « cuit » dans du jus d'agrumes.

Salade au canard croustillant et à la grenade

Pour 4 personnes

Préparation et cuisson 30 minutes

2 magrets de canard avec la peau (300 g)
¼ de c. à c. de piment séché
¼ de c. à c. de sel de mer
60 ml de jus d'orange
2 c. à s. de vinaigre balsamique
1 c. à s. de moutarde à l'ancienne
½ c. à c. de miel
80 g de germes de soja
125 ml de grains de grenade
30 g de pousses d'épinards émincées
20 g de feuilles de menthe fraîche

1. Éliminez l'excédent de gras des magrets. Frottez les magrets avec un mélange de piment et de sel. Percez la peau du canard plusieurs fois avec une fourchette. Faites cuire le canard, côté peau vers le bas, dans une poêle bien chaude 8 minutes environ. Quand la peau est bien croustillante, tournez les magrets et poursuivez la cuisson 5 minutes. Lorsque le canard est cuit selon votre goût, arrêtez la cuisson, couvrez la poêle et laissez reposer 5 minutes. Coupez le canard en tranches fines.

2. Pendant ce temps, mélangez le jus d'orange, le vinaigre, la moutarde et le miel dans une poêle. Faites mijoter à découvert 2 minutes jusqu'à ce que la sauce ait réduit de moitié.

3. Mélangez les ingrédients restants dans un saladier puis répartissez-les sur les assiettes. Ajoutez les tranches de canard et arrosez de sauce à l'orange.

Par portion *329 kcal ; 28 g de lipides (dont 8,3 g de graisses saturées) ; 6,9 g de glucides ; 11,6 g de protéines ; 3,4 g de fibres*

Note *Vous aurez besoin d'une grenade moyenne (320 g) pour recueillir 125 ml de grains. Pour prélever les grains, coupez la grenade en deux puis tapez l'écorce avec une cuillère en bois. En général, les grains se détachent facilement. Jetez l'écorce et les cloisons blanches.*

Salade de panais au bleu et vinaigrette à la framboise

Pour 4 personnes

Préparation et cuisson 20 minutes

1 petit panais (120 g)
huile végétale pour la friture
40 g de roquette
120 g de framboises fraîches
1 poire moyenne (230 g), coupée en tranches fines
100 g de bleu doux, coupé en 4 morceaux

Vinaigrette à la framboise

80 ml d'huile d'olive
2 c. à s. de vinaigre de framboise

1. À l'aide d'un épluche-légumes, taillez le panais en languettes.

2. Faites chauffer l'huile dans une casserole à fond épais. Faites-y frire le panais en plusieurs fois. Épongez-le avec du papier absorbant.

3. Préparez la vinaigrette à la framboise.

4. Dans un grand saladier, mélangez ensemble les feuilles de roquette, les framboises, la poire et la vinaigrette. Finissez avec le fromage et le panais.

Vinaigrette à la framboise Versez les ingrédients dans un shaker pour sauce à salade. Fermez le bocal puis secouez énergiquement.

Par portion *328 kcal ; 28 g de lipides (dont 7,9 g de graisses saturées) ; 11,7 g de glucides ; 6,3 g de protéines ; 3,8 g de fibres*

Astuce *Vérifiez que l'huile est bien chaude avant d'y plonger le panais. Trempez le bout du manche d'une cuillère en bois dans l'huile chaude : si des bulles se forment directement autour du manche, c'est que l'huile est à bonne température.*

Salade de poulet sur ciabatta

Pour 4 personnes

Préparation et cuisson 15 minutes

1 litre d'eau
400 g de blanc de poulet
4 épaisses tranches de ciabatta (140 g)
1 c. à s. d'huile d'olive
1 gousse d'ail écrasée

Sauce au citron, au piment et au persil

2 c. à s. d'huile d'olive
2 c. à c. de zeste de citron râpé finement
1 long piment rouge frais, haché finement
2 c. à s. de persil plat frais, ciselé

1. Portez l'eau à ébullition dans une grande poêle à frire. Plongez-y les blancs de poulet. Réduisez le feu, couvrez et laissez frémir 10 minutes jusqu'à ce que le poulet soit cuit. Laissez le poulet reposer 10 minutes dans l'eau puis égouttez-le et taillez-le en fines languettes.

2. Pendant ce temps, préchauffez le gril du four.

3. Badigeonnez le pain sur les deux faces avec un mélange d'huile d'olive et d'ail. Faites-le griller des deux côtés sous le gril du four.

4. Préparez la sauce au citron, au piment et au persil.

5. Dans un grand saladier, mélangez le poulet et la sauce. Répartissez ce mélange sur les tranches de ciabatta.

Sauce au citron, au piment et au persil *Versez les ingrédients dans un shaker pour sauce à salade. Fermez puis secouez énergiquement.*

Par portion *344 kcal ; 20,1 g de lipides (dont 3,8 g de graisses saturées) ; 15,8 g de glucides ; 24,5 g de protéines ; 1,3 g de fibres*

Salade au fenouil et au pamplemousse

Pour 4 personnes

Préparation 20 minutes

2 pomelos ruby red (700 g)
1 bulbe de fenouil moyen (300 g), paré et émincé
2 branches de céleri (300 g) parées et émincées
40 g de persil plat frais
25 g de cerneaux de noix grillés

Sauce au vinaigre balsamique blanc
60 ml d'huile d'olive
1 c. à s. de vinaigre balsamique blanc

1. Pelez les pomelos à vif et détachez les quartiers au-dessus d'un bol. Réservez 2 cuillerées à soupe de jus pour la sauce.

2. Préparez la sauce au vinaigre balsamique blanc.

3. Mélangez les quartiers de pomelos, la vinaigrette et les autres ingrédients dans un saladier.

Sauce au vinaigre balsamique blanc Versez l'huile d'olive, le vinaigre et les 2 cuillerées de jus de pomelos dans un shaker pour sauce à salade. Fermez puis secouez énergiquement.

Par portion *213 kcal ; 18,3 g de lipides (dont 2,2 g de graisses saturées) ; 7,7 g de glucides ; 2,9 g de protéines ; 3,9 g de fibres*

Salade de saumon fumé et sauce au tamarin

Pour 6 personnes

Préparation et cuisson 15 minutes

2 petits concombres libanais (260 g)
200 g de saumon fumé en tranches
1 avocat moyen (250 g), coupé en morceaux
2 ciboules émincées
1 c. à s. de graines de sésame grillées

Sauce au tamarin
1 c. à s. de sauce soja claire
1 c. à s. d'eau
1 c. à s. de sucre roux
2 c. à c. de tamarin concentré
1 c. à c. de nuoc-mâm
1 c. à c. d'huile d'olive
1 cm de gingembre frais (5 g), râpé
1 gousse d'ail écrasée

1. Préparez la sauce au tamarin.

2. À l'aide d'un épluche-légumes, taillez les concombres non pelés en longs rubans minces.

3. Répartissez le saumon, les rubans de concombres, l'avocat et les ciboules sur les assiettes. Parsemez de graines de sésame et arrosez de sauce au tamarin.

Sauce au tamarin Mélangez les ingrédients dans une petite casserole. Faites chauffer à feu vif, sans faire bouillir, en remuant jusqu'à ce que le sucre soit dissous. Laissez refroidir.

Par portion *153 kcal ; 10,1 g de lipides (dont 2 g de graisses saturées) ; 5 g de glucides ; 9,7 g de protéines ; 2 g de fibres*

Salade de homard aux fines herbes

Pour 6 personnes

Préparation et cuisson 25 minutes + refroidissement

2 gros homards cuits (2,5 kg)
100 g de nouilles de riz sèches
30 g de feuilles de coriandre fraîche
30 g de feuilles de menthe fraîche

Sauce pimentée à la noix de coco
200 ml de crème de coco
1 c. à s. de sauce pimentée forte
1 c. à s. de jus de citron vert
2 c. à c. de nuoc-mâm
2 feuilles de citronnier kaffir fraîches, froissées

1. Préparez la sauce pimentée à la noix de coco.

2. Ensuite, ôtez les têtes des homards. Décortiquez les homards en coupant la carapace avec des ciseaux. Coupez la chair en tranches de 1 cm. Tournez ces tranches dans la sauce pimentée.

3. Mettez les nouilles dans un saladier résistant à la chaleur. Recouvrez-les d'eau bouillante et laissez-les ramollir. Égouttez-les, rincez-les sous l'eau froide puis égouttez-les de nouveau.

4. Répartissez les nouilles sur les assiettes. Déposez les tranches de homards sur les nouilles. Parsemez de coriandre et de menthe.

Sauce pimentée à la noix de coco Mélangez les ingrédients dans une petite casserole. Portez à ébullition. Réduisez le feu et laissez frémir 2 minutes sans couvrir. Filtrez le mélange et laissez refroidir 20 minutes.

Par portion *251 kcal ; 8,4 g de lipides (dont 6,3 g de graisses saturées) ; 13,1 g de glucides ; 29,7 g de protéines ; 1,5 g de fibres*

Note *À la place de la coriandre, essayez le basilic thaï. Incontournable de la gastronomie thaïlandaise, sa saveur est plus prononcée que celle du basilic classique. Il a aussi la réputation de porter bonheur !*
Vous pouvez remplacer les homards par de la chair de crabe ou des crevettes.

Champignons grillés aux tomates et au basilic

Pour 4 personnes

Préparation et cuisson 20 minutes

4 champignons à farcir (320 g)
4 tomates moyennes (600 g), épépinées et coupées en petits morceaux
2 c. à s. d'huile d'olive
2 c. à c. de vinaigre balsamique
2 gousses d'ail écrasées
40 g de basilic frais, ciselé

Sauce au vinaigre balsamique
60 ml d'huile d'olive
1 c. à s. de vinaigre balsamique

1. Dans un saladier, mélangez les champignons, les tomates, l'huile d'olive, le vinaigre et l'ail.

2. Faites cuire les champignons et les tomates dans une poêle-gril huilée bien chaude jusqu'à ce qu'ils soient légèrement dorés.

3. Pendant ce temps, préparez la sauce au vinaigre balsamique.

4. Déposez un champignon sur chaque assiette. Répartissez les tomates et le basilic sur les champignons. Arrosez de sauce.

Sauce au vinaigre balsamique Versez les ingrédients dans un shaker pour sauce à salade. Fermez puis secouez énergiquement.

Par portion *246 kcal ; 23,2 g de lipides (dont 3,2 de graisses saturées) ; 3,4 g de glucides ; 4,6 g de protéines ; 4,3 g de fibres*

Note *Les champignons sont cultivés dans des conditions d'hygiène irréprochables. Il est donc inutile de les laver ou de les peler. Si vous les lavez, les champignons vont « suer » à la cuisson et perdre une grande partie de leur saveur. Contentez-vous de les brosser délicatement.*

Carpaccio de bœuf et salade au basilic thaï

Pour 8 personnes

Préparation 30 minutes + congélation

400 g de filet de bœuf de première qualité
40 g de feuilles de basilic thaï
40 g de germes de soja
1 long piment rouge frais, émincé

Sauce pimentée aux cacahuètes
60 ml d'huile d'arachide
2 c. à s. de jus de citron vert
2 c. à s. de cacahuètes non salées, grillées et hachées grossièrement
1 c. à s. de sauce soja japonaise
1 petit piment rouge thaï frais, haché finement
1 c. à c. d'huile de sésame
1 cm de gingembre frais (5 g), râpé

1. Emballez le filet de bœuf dans du film alimentaire. Placez-le 1 heure au congélateur pour qu'il soit partiellement congelé. Déballez ensuite la viande puis taillez-la en tranches aussi fines que possible.

2. Préparez la sauce pimentée aux cacahuètes.

3. Mélangez les ingrédients restants dans un saladier.

4. Répartissez le carpaccio sur les assiettes. Déposez la salade de soja et de piment sur la viande et arrosez de sauce.

Sauce pimentée aux cacahuètes Versez les ingrédients dans un shaker pour sauce à salade. Fermez puis secouez énergiquement.

Par portion *147 kcal ; 10,8 g de lipides (dont 2,4 g de graisses saturées) ; 0,6 g de glucides ; 11,8 g de protéines ; 0,5 g de fibres*

Note *Le carpaccio est fait de très fines tranches de bœuf ou de poisson cru. Assurez-vous de la fraîcheur des ingrédients. N'achetez votre bœuf que chez un boucher de confiance et dites-lui que vous allez en faire du carpaccio. Préparez et consommez votre viande crue le jour de son achat. La viande doit être placée au réfrigérateur en dessous de 5 °C jusqu'au moment de servir.*

Garnitures

En cuisine, atteindre le bon équilibre est un gage de réussite. Ainsi, une petite salade du jardin contrebalancera la richesse d'un repas copieux, un mélange d'herbes exotiques et quelques légumes croquants relèveront un plat simple, tandis qu'une salade de pommes de terre classique s'accommodera de tout et fera toujours l'unanimité.

Salade de pastèque au piment et aux fines herbes

Pour 8 personnes

Préparation 15 minutes

2 citrons verts
½ pastèque sans pépins (3 kg)
1 long piment rouge frais, haché finement
20 g de feuilles de coriandre fraîche, ciselées
10 g de petites feuilles de menthe fraîche
20 g de petites feuilles de tatsoi

Sauce au citron vert
60 ml de jus de citron vert
60 ml d'huile d'olive

1. Prélevez le zeste de 1 citron vert puis hachez-le finement. Réservez-le pour la sauce. Pelez l'autre citron. Détachez les quartiers des 2 citrons puis hachez-les grossièrement.

2. Ôtez l'écorce de la pastèque. Coupez le morceau de pastèque en deux puis en tronçons de 5 x 8 cm. Coupez chaque tronçon en tranches de 1 cm d'épaisseur.

3. Préparez la sauce au citron vert.

4. Dans un saladier, mélangez ensemble les morceaux de citrons verts, le piment, la coriandre, la menthe et le tatsoi.

5. Disposez les tranches de pastèque sur un plat de service. Répartissez le mélange citrons-fines herbes sur les tranches de pastèque. Arrosez de sauce.

Sauce au citron vert Versez le jus de citron vert, l'huile d'olive et le zeste dans un shaker pour sauce à salade. Fermez puis secouez énergiquement.

Par portion *123 kcal ; 7,4 g de lipides (dont 1 g de graisses saturées) ; 12,4 g de glucides ; 1 g de protéines ; 1,7 g de fibres*

Riz aux deux citrons

Pour 8 personnes

Préparation et cuisson 25 minutes

400 g de riz basmati
80 g d'amandes hachées grossièrement
50 g de graines de courge grillées
35 g de graines de tournesol
20 g de feuilles de coriandre fraîche, ciselées
20 g de persil plat frais, ciselé

Sauce aux deux citrons

60 ml d'huile d'olive
60 ml de jus de citron
1 c. à c. de zeste de citron vert râpé finement
2 c. à s. de jus de citron vert
¼ de c. à c. de poivre noir concassé

1. Faites cuire le riz dans une grande casserole d'eau bouillante, sans couvrir. Égouttez-le, rincez-le sous l'eau froide puis égouttez-le de nouveau. Versez-le dans un grand saladier.

2. Préparez la sauce aux deux citrons.

3. Versez la sauce sur le riz. Ajoutez les ingrédients restants et mélangez délicatement.

Sauce aux deux citrons Versez les ingrédients dans un shaker pour sauce à salade. Fermez puis secouez énergiquement.

Par portion *360 kcal ; 17,7 g de lipides (dont 2,1 g de graisses saturées) ; 41,6 g de glucides ; 8,1 g de protéines ; 2,4 g de fibres*

Riz à l'avocat et au wasabi

Pour 8 personnes

Préparation et cuisson 25 minutes

400 g de riz parfumé thaï
2 avocats moyens (500 g), coupés en morceaux
2 c. à s. de jus de citron vert
50 g de pousses de pois mange-tout, hachées
1 feuille de nori émiettée

Sauce au wasabi

225 g de mayonnaise
2 c. à s. de jus de citron vert
2 c. à s. de vinaigre de riz
3 c. à c. de wasabi

1. Faites cuire le riz dans une grande casserole d'eau bouillante, sans couvrir. Quand le riz est fondant, égouttez-le, rincez-le sous l'eau froide puis égouttez-le de nouveau.

2. Préparez la sauce au wasabi.

3. Dans un grand saladier, mélangez les avocats et le jus de citron vert. Ajoutez le riz, la sauce au wasabi, les pousses de pois mange-tout et la feuille de nori. Mélangez délicatement.

Sauce au wasabi Mélangez les ingrédients dans un bol.

Par portion *388 kcal ; 19,5 g de lipides (dont 3,3 g de graisses saturées) ; 47,2 g de glucides ; 5,1 g de protéines ; 1,7 g de fibres*

Riz olives poivrons

Pour 8 personnes

Préparation et cuisson 40 minutes

400 g de riz complet
2 gros poivrons rouges (700 g)
160 g d'olives vertes farcies à la feta, émincées
1 c. à s. d'origan frais, ciselé
1 long piment rouge frais, haché finement

Vinaigrette
2 c. à s. de jus de citron
2 c. à s. de vinaigre de vin rouge
2 c. à s. d'huile d'olive
½ c. à c. de sucre blanc
1 gousse d'ail écrasée

1. Faites cuire le riz à l'eau bouillante, sans couvrir. Égouttez-le. Versez-le dans un saladier.

2. Coupez les poivrons en quatre. Faites-les griller, côté peau vers le haut, sous le gril du four. Mettez-les dans un sachet en plastique. Au bout de 5 minutes, pelez-les puis coupez-les en fines languettes.

3. Préparez la vinaigrette.

4. Versez les poivrons, la vinaigrette et les ingrédients restants sur le riz. Mélangez.

Vinaigrette Versez les ingrédients dans un shaker pour sauce à salade. Secouez.

Par portion *268 kcal ; 7,6 g de lipides (dont 1,1 g de graisses saturées) ; 42,5 g de glucides ; 5,3 g de protéines ; 4,1 g de fibres*

Riz épinards figues

Pour 8 personnes

Préparation et cuisson 15 minutes

400 g de mélange de riz sauvage
et de riz long blanc
90 g de noix de pécan grillées, hachées
100 g de figues sèches, émincées
100 g de pousses d'épinards, hachées
2 ciboules émincées

Sauce à l'orange et au vinaigre balsamique
2 c. à c. de zeste d'orange râpé finement
125 ml de jus d'orange
2 c. à s. d'huile d'olive
1 c. à s. de vinaigre balsamique blanc

1. Faites cuire le riz dans une grande casserole d'eau bouillante, sans couvrir. Égouttez-le puis rincez-le sous l'eau froide et égouttez-le de nouveau. Versez-le dans un saladier.

2. Pendant ce temps, préparez la sauce à l'orange et au vinaigre balsamique.

3. Versez la sauce et les ingrédients restants sur le riz. Mélangez délicatement.

Sauce à l'orange et au vinaigre balsamique Versez les ingrédients dans un shaker pour sauce à salade. Fermez puis secouez énergiquement.

Par portion *325 kcal ; 13 g de lipides (dont 1,2 g de graisses saturées) ; 44,8 g de glucides ; 5,1 g de protéines ; 3,6 g de fibres*

Salade à la grenade et pop-corn au piment

Pour 8 personnes

Préparation et cuisson 20 minutes

60 ml d'huile végétale
40 g de beurre
60 g de maïs à pop-corn
1 c. à c. de piment séché
¼ de c. à c. de sel de mer
4 oranges moyennes (1 kg)
50 g de pousses de pois mange-tout
125 ml de grains de grenade
6 radis rouges (210 g), lavés et émincés

Sauce à l'orange

60 ml d'huile d'olive
2 c. à s. de jus d'orange
1 c. à s. de vinaigre de vin blanc
1 c. à c. de miel

1. Faites chauffer l'huile dans une cocotte. Ajoutez le beurre, le maïs et le piment. Couvrez et faites chauffer à feu vif. Secouez énergiquement la cocotte jusqu'à ce que le maïs cesse d'éclater. Égouttez-le sur du papier absorbant. Salez.

2. Préparez la sauce à l'orange.

3. Pelez les oranges à vif puis coupez-les en tranches de 5 mm d'épaisseur.

4. Répartissez les tranches d'oranges, les pousses de pois mange-tout, les grains de grenade et les radis sur les assiettes. Arrosez de sauce à l'orange et parsemez de pop-corn.

Sauce à l'orange Versez les ingrédients dans un shaker pour sauce à salade. Fermez puis secouez énergiquement.

Par portion *240 kcal ; 18,2 g de lipides (dont 4,6 g de graisses saturées) ; 14,9 g de glucides ; 2,6 g de protéines ; 4,3 g de fibres*

Note *Vous aurez besoin d'une grenade moyenne (320 g) pour recueillir 125 ml de grains. Pour prélever les grains, coupez la grenade en deux puis tapez l'écorce avec une cuillère en bois. En général, les grains se détachent facilement. Jetez l'écorce et les cloisons blanches.*

Pommes de terre pesto

Pour 8 personnes

Préparation et cuisson 30 minutes

1 kg de petites pommes de terre nouvelles, non pelées, coupées en quatre
150 g de mayonnaise
2 ciboules émincées
10 g de basilic frais, ciselé
2 c. à c. de zeste de citron râpé finement

Pesto au basilic
20 g de feuilles de basilic frais
20 g de parmesan râpé grossièrement
2 c. à s. de pignons de pin grillés
1 gousse d'ail coupée en quatre
80 ml d'huile d'olive

1. Faites cuire les pommes de terre à l'eau bouillante, puis égouttez-les.

2. Préparez le pesto au basilic.

3. Dans un grand saladier, mélangez le pesto et la mayonnaise. Ajoutez les ciboules et les pommes de terre chaudes. Mélangez.

4. Parsemez de basilic et de zeste de citron.

Pesto au basilic Dans un robot, hachez le basilic, le parmesan, les pignons et l'ail. Sans couper le moteur, versez l'huile d'olive en filet. Continuez de mixer.

Par portion *272 kcal ; 18,6 g de lipides (dont 2,7 g de graisses saturées) ; 20,3 g de glucides ; 4,7 g de protéines ; 3 g de fibres*

Salade de pommes de terre

Pour 8 personnes

Préparation et cuisson 30 minutes

1 kg de pommes de terre roses non pelées, coupées en dés de 2 cm
4 tranches de poitrine de porc sans la couenne (260 g), émincées
1 oignon rouge moyen (170 g), émincé
1 c. à c. de graines de moutarde noire
30 g de persil plat frais ciselé

Sauce à la moutarde de Dijon
60 ml de vinaigre de cidre
60 ml d'huile d'olive
1 c. à s. de moutarde de Dijon
½ c. à c. de sucre en poudre

1. Faites cuire les pommes de terre.

2. Préparez la sauce à la moutarde de Dijon.

3. Faites griller la poitrine de porc dans une poêle chaude. Égouttez-la sur du papier absorbant. Dans la même poêle, faites fondre l'oignon. Ajoutez les graines de moutarde et remuez 1 minute.

4. Dans un grand saladier, mélangez le tout et versez la sauce à la moutarde.

Sauce à la moutarde de Dijon Secouez les ingrédients dans un shaker pour sauce à salade.

Par portion *219 kcal ; 11,3 g de lipides (dont 2,6 g de graisses saturées) ; 18 g de glucides ; 9,8 g de protéines ; 3,1 g de fibres*

Pommes de terre au citron, à l'ail et au piment

Pour 8 personnes

Préparation et cuisson 30 minutes

1 kg de petites pommes de terre nouvelles non pelées, coupées en tranches de 1 cm d'épaisseur
20 g de persil plat frais, haché grossièrement
10 g de ciboulette fraîche, hachée grossièrement

Beurre au citron et au piment
100 g de beurre en pommade
2 gousses d'ail écrasées
1 c. à s. de zeste de citron râpé finement
1 c. à c. de piment séché

1. Préparez le beurre au citron et au piment.

2. Faites cuire les pommes de terre à l'eau bouillante, à la vapeur ou au micro-ondes, puis égouttez-les.

3. Dans un grand saladier, mélangez les pommes de terre chaudes avec le beurre au citron et au piment, le persil et la ciboulette.

Beurre au citron et au piment Mélangez les ingrédients dans un bol.

Par portion *178 kcal ; 10,4 g de lipides (dont 6,8 g de graisses saturées) ; 16,6 g de glucides ; 3,2 g de protéines ; 2,9 g de fibres*

Pommes de terre au raifort et à l'estragon

Pour 8 personnes

Préparation et cuisson 20 minutes

1 kg de grosses pommes de terre
300 g de crème aigre
60 ml de jus de citron
2 c. à s. de raifort préparé
2 c. à s. d'estragon frais, haché grossièrement
2 branches de céleri (300 g) parées et émincées
40 g de petites feuilles de roquette

1. Brossez les pommes de terre, pelez-les et coupez-les en tranches de 5 mm d'épaisseur. Faites-les cuire à l'eau bouillante, à la vapeur ou au micro-ondes, puis égouttez-les.

2. Pendant ce temps, mélangez la crème aigre, le jus de citron, le raifort et l'estragon dans un grand saladier. Ajoutez le céleri et les pommes de terre chaudes. Mélangez délicatement.

3. Parsemez de roquette et servez.

Par portion *238 kcal ; 15,7 g de lipides (dont 10,1 g de graisses saturées) ; 18,8 g de glucides ; 4,3 g de protéines ; 3,1 g de fibres*

Salade d'oignons au sumac et à la menthe

Pour 8 personnes

Préparation 10 minutes

4 petits oignons rouges (400 g) émincés
2 c. à s. d'huile d'olive
2 c. à s. de menthe fraîche ciselée
1 c. à s. de jus de citron
1 c. à s. de sumac

1. Mélangez les ingrédients dans un saladier.

Par portion *57 kcal ; 4,6 g de lipides (dont 0,6 g de graisses saturées) ; 2,8 g de glucides ; 0,7 g de protéines ; 0,7 g de fibre*

Note *Si les feuilles de menthe sont petites, laissez-les entières.*

Tomates aux fines herbes et lavash grillé

Pour 4 personnes

Préparation et cuisson 15 minutes + réfrigération

40 g de boulgour cuit
2 c. à s. de jus de citron
1 pain lavash (60 g) coupé en quartiers
80 g de feuilles de persil plat frais
40 g de menthe fraîche, hachée grossièrement
2 ciboules émincées
60 ml d'huile d'olive
4 tomates moyennes (450 g), coupées en tranches de 1 cm d'épaisseur

1. Mélangez le boulgour et le jus de citron dans un saladier. Placez 1 heure au réfrigérateur.

2. Pendant ce temps, préchauffez le four à 180 °C (160 °C pour un four à chaleur tournante).

3. Posez le pain sur une plaque de cuisson. Enfournez 5 minutes.

4. Dans un saladier, mélangez le boulgour citronné avec le persil, la menthe, les ciboules et l'huile d'olive.

5. Disposez les tranches de tomates et le boulgour sur les assiettes. Servez avec le pain lavash. Arrosez éventuellement d'un filet d'huile d'olive.

Par portion *229 kcal ; 14,5 g de lipides (dont 2 g de graisses saturées) ; 17,4 g de glucides ; 4,7 g de protéines ; 5,9 g de fibres*

Salade aux quatre haricots

Pour 8 personnes

Préparation et cuisson 1 heure + repos

45 g de haricots de Lima secs
50 g de haricots borlotti secs
50 g de haricots rouges secs
50 g de haricots blancs secs
125 g de tomates cerises coupées en deux
½ petit oignon rouge (50 g) émincé
½ petit poivron vert (75 g) émincé
20 g de feuilles de persil plat

Sauce à la moutarde à l'ancienne
80 ml d'huile d'olive
2 c. à s. de vinaigre de vin rouge
2 c. à c. de moutarde à l'ancienne

1. Recouvrez les haricots de Lima d'eau froide. Versez les autres haricots dans un autre récipient et recouvrez-les d'eau froide également. Laissez reposer jusqu'au lendemain. Rincez et égouttez.

2. Dans une casserole d'eau bouillante, faites cuire les haricots de Lima et, dans une autre, tous les autres haricots. Égouttez-les.

3. Préparez la sauce à la moutarde à l'ancienne.

4. Dans un saladier, mélangez les haricots avec la sauce et les ingrédients restants.

Sauce à la moutarde à l'ancienne Secouez les ingrédients dans un bocal.

Par portion *163 kcal ; 9,6 g de lipides (dont 1,4 g de graisses saturées) ; 11,4 g de glucides ; 5,6 g de protéines ; 4,5 g de fibres*

Salade de haricots et beurre aux noisettes

Pour 4 personnes

Préparation et cuisson 15 minutes

250 g de haricots verts parés
250 g de haricots beurre parés
60 g de beurre coupé en petits cubes
45 g de noisettes grillées, hachées finement
20 g de persil plat frais, haché grossièrement
2 c. à c. de zeste de citron râpé finement

1. Faites cuire les haricots à l'eau bouillante, à la vapeur ou au micro-ondes. Quand ils sont fondants, égouttez-les.

2. Dans un saladier, mélangez les haricots encore chauds avec les ingrédients restants.

Par portion *217 kcal ; 19,5 g de lipides (dont 8,4 g de graisses saturées) ; 3,8 g de glucides ; 4,7 g de protéines ; 5 g de fibre*

Haricots serpents citron vert noix de coco

Pour 4 personnes

Préparation et cuisson 20 minutes

350 g de haricots serpents, coupés tronçons
50 g de noix de coco fraîche, râpée
30 g de feuilles de coriandre fraîche

Sauce au citron vert et à la noix de coco
60 ml de crème de coco
1 c. à s. de jus de citron vert
2 c. à c. de nuoc-mam
1 long piment vert haché finement

1. Faites cuire les haricots à l'eau bouillante, puis égouttez-les.

2. Préparez la sauce au citron vert.

3. Dans un saladier, mélangez les haricots avec la sauce et les ingrédients restants.

Sauce au citron vert et à la noix de coco Secouez les ingrédients dans un shaker pour sauce à salade.

Par portion *143 kcal ; 11,5 g de lipides (dont 9,9 g de graisses saturées) ; 3,2 g de glucides ; 4,5 g de protéines ; 4,9 g de fibres*

Astuce *Pour ouvrir la noix de coco, percez un des « yeux » puis faites-la rôtir dans un four très chaud jusqu'à ce que des fissures apparaissent dans la coque. Laissez refroidir, puis cassez-la et râpez sa pulpe.*

Haricots noirs à la mangue

Pour 6 personnes

Préparation et cuisson 1 heure 40 + repos

200 g de haricots noirs secs
1 petit concombre libanais (130 g) épépiné et émincé
1 mangue moyenne (430 g) coupée en petits morceaux
40 g de feuilles de coriandre fraîche

Sauce au piment doux
1 c. à s. d'huile d'arachide
1 c. à s. de sauce pimentée douce
1 c. à s. de jus de citron vert

1. Recouvrez les haricots d'eau froide. Laissez reposer jusqu'au lendemain. Rincez et égouttez.

2. Faites cuire les haricots dans une casserole d'eau bouillante. Quand ils sont fondants, égouttez-les.

3. Pendant ce temps, préparez la sauce au piment doux.

4. Dans un saladier, mélangez les haricots avec la sauce et les ingrédients restants.

Sauce au piment doux Mélangez les ingrédients dans un bol.

Par portion *189 kcal ; 9,9 g de lipides (dont 1,5 g de graisses saturées) ; 9,7 g de glucides ; 11,6 g de protéines ; 7,8 g de fibres*

Salade de tomates rôties

Pour 10 personnes

Préparation et cuisson 20 minutes
+ refroidissement

4 petites tomates rouges (360 g), coupées en deux
4 petites tomates vertes (360 g), coupées en deux
250 g de tomates cerises
200 g de tomates poires rouges
200 g de tomates poires jaunes
2 c. à s. d'huile d'olive
2 c. à s. de vinaigre balsamique
2 c. à s. de petites feuilles de basilic frais
1 c. à s. de feuilles d'origan frais
1 c. à s. de feuilles de thym frais

1. Préchauffez le four à 240 °C (220 °C pour un four à chaleur tournante).

2. Mélangez les tomates et l'huile dans un grand plat à gratin. Faites rôtir 10 minutes sans couvrir. Sortez le plat du four et laissez refroidir 30 minutes.

3. Dans un grand saladier, mélangez les tomates rôties et les ingrédients restants. Servez avec des grissini si vous le souhaitez.

Par portion *50 kcal ; 3,8 g de lipides (dont 0,5 g de graisses saturées) ; 2,4 g de glucides ; 1 g de protéines ; 1,6 g de fibres*

Salade grecque à la feta

Pour 6 personnes

Préparation 25 minutes + réfrigération

2 tomates moyennes (300 g)
1 petit concombre libanais (130 g)
1 petit poivron rouge (150 g)
1 petit oignon rouge (100 g) émincé
120 g d'olives noires dénoyautées

Feta marinée

200 g de feta coupée en dés de 1 cm
1 long piment rouge frais, haché finement
2 c. à c. de zeste de citron râpé finement
2 c. à s. de feuilles d'origan frais
250 ml d'huile d'olive

1. Préparez la feta marinée.

2. Coupez les tomates, le concombre et le poivron en deux. Épépinez-les et taillez-les en allumettes.

3. Dans un grand saladier, mélangez un tiers de la feta marinée et un tiers de la marinade avec le reste des ingrédients.

Feta marinée Mettez les dés de feta dans un bocal parfaitement propre. Dans un saladier, mélangez ensemble les ingrédients restants. Versez l'huile parfumée sur le fromage. Placez au moins 3 heures au réfrigérateur, ou jusqu'au lendemain.

Par portion *471 kcal ; 46 g de lipides (dont 10,5 g de graisses saturées) ; 7,7 g de glucides ; 7,3 g de protéines ; 1,4 g de fibres*

Note *Vous pouvez conserver le reste de feta, dans sa marinade, jusqu'à 4 semaines au réfrigérateur.*

Couscous au curry et aux pois chiches

Pour 4 personnes

Préparation et cuisson 15 minutes

125 ml d'eau
125 ml de bouillon de poule
1 c. à c. de curry en poudre
200 g de couscous
400 g de pois chiches en boîte, rincés et égouttés
200 g de feta émiettée
20 g de feuilles de coriandre fraîche, hachées grossièrement
2 ciboules émincées
1 c. à c. de zeste de citron râpé finement
60 ml de jus de citron

1. Versez l'eau, le bouillon de poule et le curry dans une petite casserole. Portez à ébullition.

2. Versez le mélange eau-bouillon-curry sur le couscous. Couvrez et laissez reposer 5 minutes jusqu'à absorption du liquide. Aérez la semoule avec une fourchette.

3. Ajoutez les ingrédients restants et mélangez.

Par portion *407 kcal ; 13,6 g de lipides (dont 8 g de graisses saturées) ; 48,7 g de glucides ; 20,2 g de protéines ; 4 g de fibres*

Couscous aux oranges et aux dattes

Pour 4 personnes

Préparation 15 minutes

200 g de couscous
250 ml d'eau bouillante
2 oranges moyennes (480 g)
40 g de pousses d'épinards
½ petit oignon rouge (50 g) émincé
70 g de dattes fraîches dénoyautées, émincées
1 c. à s. d'huile d'olive

1. Versez le couscous et l'eau bouillante dans un récipient résistant à la chaleur. Couvrez et laissez reposer environ 5 minutes jusqu'à absorption du liquide. Aérez la semoule avec une fourchette.

2. Pendant ce temps, râpez grossièrement le zeste des oranges. Détachez les quartiers des oranges au-dessus d'un bol. Réservez 60 ml de jus.

3. Mélangez le couscous avec les quartiers d'oranges, les 60 ml de jus et les ingrédients restants.

Par portion *318 kcal ; 5,1 g de lipides (dont 0,7 g de graisses saturées) ; 56,7 g de glucides ; 8,2 g de protéines ; 4,9 g de fibres*

Couscous au citron confit, à la menthe et aux raisins

Pour 4 personnes

Préparation 15 minutes

200 g de couscous
250 ml d'eau bouillante
1 c. à c. de cumin en poudre
75 g de raisins secs
2 c. à s. de zeste de citron confit, haché finement
40 g de menthe fraîche, hachée grossièrement
60 ml de jus de citron

1. Versez le couscous et l'eau bouillante dans un récipient résistant à la chaleur. Couvrez et laissez reposer 5 minutes jusqu'à absorption du liquide. Aérez la semoule avec une fourchette.

2. Ajoutez les autres ingrédients et mélangez.

Par portion *255 kcal ; 0,7 g de lipides (dont 0,1 g de graisses saturées) ; 52,8 g de glucides ; 7,4 g de protéines ; 2,5 g de fibres*

Couscous au fenouil et aux tomates

Pour 4 personnes

Préparation et cuisson 20 minutes

250 g de tomates cerises coupées en deux
huile de cuisson en spray
200 g de couscous
250 ml d'eau bouillante
2 petits bulbes de fenouil (260 g) parés et émincés
60 ml d'huile d'olive
1 c. à s. de vinaigre de vin blanc
1 gousse d'ail écrasée
2 c. à s. d'origan frais ciselé

1. Préchauffez le four à 200 °C (180 °C pour un four à chaleur tournante).

2. Disposez les tomates sur une plaque de cuisson. Vaporisez d'huile. Faites rôtir 10 minutes jusqu'à ce que la peau éclate.

3. Pendant ce temps, mélangez le couscous et l'eau bouillante dans un récipient résistant à la chaleur. Couvrez et laissez reposer 5 minutes jusqu'à absorption du liquide. Aérez la semoule avec une fourchette.

4. Ajoutez les tomates puis les autres ingrédients. Mélangez.

Par portion *331 kcal ; 14,8 g de lipides (dont 2 g de graisses saturées) ; 40,8 g de glucides ; 7,1 g de protéines ; 2,7 g de fibres*

Panzanella et petits sandwichs aux radis

Pour 8 personnes

Préparation 30 minutes

4 tranches de pain de mie blanc (180 g), sans la croûte
20 g de beurre en pommade
4 radis (140 g) parés et émincés
1 avocat moyen (250 g) coupé en morceaux
400 g de haricots de Lima en boîte, rincés et égouttés
4 tomates moyennes (600 g), coupées en gros morceaux
1 poivron jaune moyen (200 g), haché grossièrement
2 petits concombres libanais (260 g), coupés en morceaux
40 g de feuilles de basilic frais

Vinaigrette à la tomate
1 grosse tomate (220 g) pelée et épépinée
60 ml d'huile d'olive
1 c. à s. de vinaigre balsamique blanc
½ c. à c. de sucre en poudre

1. Beurrez les tranches de pain de mie. Répartissez les lamelles de radis sur 2 tranches. Couvrez avec les 2 autres tranches. Avec un rouleau à pâtisserie, aplatissez délicatement les sandwichs. Coupez-les en petits carrés.

2. Préparez la vinaigrette à la tomate.

3. Dans un grand saladier, mélangez l'avocat avec tous les autres ingrédients et la vinaigrette à la tomate. Répartissez la salade sur les assiettes. Servez les petits sandwichs aux radis en accompagnement.

Vinaigrette à la tomate Dans un robot, réduisez la tomate en purée lisse. Ajoutez les autres ingrédients. Mélangez.

Par portion *193 kcal ; 14,4 g de lipides (dont 3,5 g de graisses saturées) ; 10,6 g de glucides ; 4 g de protéines ; 3,5 g de fibres*

Astuce *Pour peler facilement une tomate, faites une entaille en forme de croix dans la base puis plongez-la quelques instants dans de l'eau bouillante. Après l'avoir pelée, coupez-la en deux et ôtez les graines.*

Pâtes aux tomates séchées et à la tapenade

Pour 10 personnes

Préparation et cuisson 20 minutes

500 g de fusilli (spirales)
250 g de tomates cerises coupées en deux
50 g de petites feuilles de roquette
25 g de copeaux de parmesan

Tapenade à la tomate
75 g de tomates séchées, marinées dans l'huile, égouttées
60 g d'olives noires dénoyautées
2 c. à s. d'huile d'olive
1 c. à s. de vinaigre de vin rouge
2 c. à c. de sucre roux

1. Faites cuire les pâtes dans une grande quantité d'eau bouillante. Égouttez-les. Rincez-les sous l'eau froide puis égouttez-les de nouveau.

2. Pendant ce temps, préparez la tapenade à la tomate.

3. Dans un grand saladier, mélangez les pâtes avec la tapenade et les ingrédients restants.

Tapenade à la tomate Dans un robot, mixez tous les ingrédients jusqu'à obtention d'une pâte lisse.

Par portion *247 kcal ; 5,7 g de lipides (dont 1,2 g de graisses saturées) ; 39,3 g de glucides ; 7,7 g de protéines ; 3,3 g de fibres*

Pâtes crémeuses et chutney à la tomate

Pour 10 personnes

Préparation et cuisson 25 minutes

500 g de rigatoni (tubes courts)
10 tranches (150 g) de prosciutto
240 g de crème fraîche
160 g de chutney à la tomate
300 g de bocconcinis coupées en deux
1 petit oignon rouge (100 g) émincé
40 g de basilic frais, haché grossièrement

1. Faites cuire les pâtes dans une grande quantité d'eau bouillante. Égouttez-les. Rincez-les sous l'eau froide puis égouttez-les de nouveau.

2. Pendant ce temps, faites griller le prosciutto dans une grande poêle huilée bien chaude pour qu'il soit croustillant. Égouttez les tranches sur du papier absorbant puis coupez-les en gros morceaux.

3. Dans un grand saladier, mélangez la crème fraîche et le chutney à la tomate. Ajoutez les pâtes, le prosciutto et les ingrédients restants. Mélangez délicatement.

Par portion *372 kcal ; 15,6 g de lipides (dont 9,7 g de graisses saturées) ; 42,3 g de glucides ; 14,3 g de protéines ; 2,2 g de fibres*

Salade de pâtes et chapelure à l'ail

Pour 10 personnes

Préparation et cuisson 20 minutes

500 g de farfalle (nœuds papillons)
60 ml d'huile d'olive
100 g de beurre coupé en petits cubes
175 g de chapelure
4 gousses d'ail écrasées
40 g de persil plat frais, haché grossièrement

1. Faites cuire les pâtes dans une grande quantité d'eau bouillante. Égouttez-les.

2. Pendant ce temps, faites chauffer l'huile d'olive et le beurre dans une grande poêle. Faites-y revenir la chapelure et l'ail à feu moyen en remuant jusqu'à ce que la chapelure soit dorée.

3. Dans un grand saladier, mélangez les pâtes chaudes avec la chapelure et le persil.

Par portion *357 kcal ; 14,9 g de lipides (dont 6,4 g de graisses saturées) ; 45,8 g de glucides ; 8,2 g de protéines ; 2,9 g de fibres*

Pâtes aux courgettes et à la ricotta

Pour 10 personnes

Préparation et cuisson 25 minutes

500 g de penne
4 grosses courgettes (600 g)
  taillées en rubans minces
80 ml d'huile d'olive
1 c. à s. de zeste de citron râpé finement
80 ml de jus de citron
2 gousses d'ail écrasées
400 g de ricotta émiettée
20 g de basilic frais, haché finement

1. Faites cuire les pâtes dans une grande quantité d'eau bouillante. Égouttez-les.

2. Pendant ce temps, mélangez les rubans de courgettes et la moitié de l'huile d'olive dans un récipient. Faites cuire les courgettes en plusieurs fois dans une poêle-gril huilée bien chaude jusqu'à ce qu'elles soient fondantes.

3. Dans un grand saladier, mélangez les courgettes avec le zeste et le jus de citron, l'ail et le reste d'huile d'olive. Ajoutez les pâtes, la ricotta et le basilic. Remuez délicatement.

Par portion *306 kcal ; 12,6 g de lipides (dont 4 g de graisses saturées) ; 35 g de glucides ; 10,6 g de protéines ; 2,8 g de fibres*

Pâtes aux œufs et mayonnaise au curry

Pour 4 personnes

Préparation et cuisson 20 minutes

1 branche de céleri (150 g) parée et taillée en allumettes
¼ de petit oignon rouge (25 g) émincé
20 g de persil plat frais, haché grossièrement
4 œufs durs, émiettés finement
4 petites feuilles de laitue, ciselées

Mayonnaise au curry

100 g de mayonnaise
1 c. à s. de jus de citron
½ c. à c. de curry en poudre

1. Préparez la mayonnaise au curry.

2. Dans un saladier, mélangez ensemble le céleri, l'oignon et le persil. Répartissez la laitue et les œufs sur les assiettes. Ajoutez la préparation au céleri et arrosez de mayonnaise au curry.

Mayonnaise au curry Mélangez tous les ingrédients dans un bol.

Par portion *199 kcal ; 15,2 g de lipides (dont 3 g de graisses saturées) ; 6,1 g de glucides ; 9,3 g de protéines ; 1,2 g de fibres*

Mesclun et vinaigrette aux canneberges

Pour 8 personnes

Préparation 15 minutes

1 petite romaine (180 g) lavée et effeuillée
250 g de roquette lavée
1 petite trévise (150 g) lavée et effeuillée
40 g d'amandes effilées, grillées
65 g de canneberges séchées

Vinaigrette aux canneberges

60 ml d'huile d'olive
60 ml de vinaigre de vin rouge
2 c. à s. de jus de canneberges
2 c. à c. de moutarde de Dijon
1 gousse d'ail écrasée
2 c. à s. de sauce aux canneberges (épiceries britanniques)
½ petit oignon rouge (50 g) haché finement

1. Préparez la vinaigrette aux canneberges.

2. Dans un grand saladier, mélangez les feuilles de romaine, de roquette et de trévise. Parsemez d'amandes et de canneberges. Arrosez de vinaigrette.

Vinaigrette aux canneberges Dans un bol, mélangez l'huile d'olive, le vinaigre, le jus de canneberges, la moutarde, l'ail et la sauce aux canneberges. Ajoutez ensuite l'oignon.

Par portion *148 kcal ; 10,1 g de lipides (dont 1,2 g de graisses saturées) ; 10,7 g de glucides ; 2,8 g de protéines ; 2,4 g de fibres*

Coleslaw d'hiver

Pour 4 personnes

Préparation 25 minutes

160 g de chou
1 petit bulbe de fenouil (130 g) paré et émincé
100 g de haricots verts, parés et émincés
600 g de céleri-rave pelé et râpé grossièrement
1 branche de céleri (150 g) parée et émincée
40 g de feuilles de persil plat frais

Sauce au vinaigre de cidre
60 ml d'huile d'olive
2 c. à s. de vinaigre de cidre
1 c. à c. de sucre en poudre
1 c. à c. de moutarde de Dijon

1. Préparez la sauce au vinaigre de cidre.

2. Dans un grand saladier, mélangez les ingrédients de la salade avec la sauce.

Sauce au vinaigre de cidre Versez les ingrédients dans un shaker pour sauce à salade. Fermez puis secouez énergiquement.

Par portion *225 kcal ; 14,2 g de lipides (dont 1,9 g de graisses saturées) ; 15,2 g de glucides ; 3,5 g de protéines ; 12,3 g de fibres*

Coleslaw asiatique

Pour 4 personnes

Préparation 15 minutes

160 g de chou chinois râpé finement
1 carotte moyenne (120 g), râpée grossièrement
3 ciboules émincées
40 g de feuilles de coriandre fraîche
100 g de nouilles frites

Vinaigrette aux prunes et au soja
2 c. à s. d'huile d'arachide
1 c. à s. de sauce aux prunes
1 c. à s. de vinaigre de vin blanc
2 c. à c. de sauce soja claire
1 c. à c. de sucre en poudre

1. Préparez la vinaigrette aux prunes et au soja.

2. Dans un grand saladier, mélangez les ingrédients de la salade avec la vinaigrette.

Vinaigrette aux prunes et au soja Versez les ingrédients dans un shaker pour sauce à salade. Fermez puis secouez énergiquement.

Par portion *144 kcal ; 5,6 g de lipides (dont 1,1 g de graisses saturées) ; 18,7 g de glucides ; 3,5 g de protéines ; 2,3 g de fibres*

Salade chaude au chou rouge et aux lardons

Pour 4 personnes

Préparation et cuisson 25 minutes

2 tranches de poitrine de porc (130 g), coupées en morceaux
1 c. à s. d'huile d'olive
480 g de chou rouge râpé grossièrement
2 c. à s. de vinaigre de vin rouge
1 c. à s. de sucre roux
20 g de persil plat frais, haché grossièrement

1. Faites griller les morceaux de poitrine de porc dans une grande poêle bien chaude. Égouttez les lardons croustillants sur du papier absorbant.

2. Faites chauffer l'huile d'olive dans la même poêle. Faites-y revenir le chou 5 minutes en remuant. Quand le chou est fondant, ajoutez le vinaigre et le sucre, et poursuivez la cuisson 10 minutes sans cesser de remuer jusqu'à évaporation du liquide.

3. Remettez les lardons dans la poêle et faites chauffer quelques instants. Hors du feu, ajoutez le persil.

Par portion *157 kcal ; 9,2 g de lipides (dont 2,2 g de graisses saturées) ; 7 g de glucides ; 9,1 g de protéines ; 5 g de fibres*

Salade de chou à l'orange et aux radis

Pour 4 personnes

Préparation et cuisson 25 minutes

1 orange moyenne (240 g)
160 g de chou vert râpé finement
2 radis (70 g) lavés et émincés
20 g de feuilles de menthe fraîche, émincées

Vinaigrette au cumin et à l'orange
1 c. à c. de graines de cumin
¼ de c. à c. de paprika fort
2 c. à c. d'huile d'olive
1 c. à s. de vinaigre balsamique blanc

1. Détachez les quartiers de l'orange au-dessus d'un bol. Réservez 1 cuillerée à soupe de jus.

2. Préparez la vinaigrette au cumin et à l'orange.

3. Dans un grand saladier, mélangez les quartiers de l'orange avec la vinaigrette et les ingrédients restants.

Vinaigrette au cumin et à l'orange Dans une petite poêle, faites griller les épices à sec jusqu'à ce qu'elles embaument. Laissez refroidir. Versez les épices dans un shaker pour sauce à salade avec l'huile d'olive, le vinaigre et la cuillerée à soupe de jus d'orange. Fermez puis secouez énergiquement.

Par portion *113 kcal ; 9,3 g de lipides (dont 1,3 g de graisses saturées) ; 5 g de glucides ; 1,3 g de protéines ; 2,9 g de fibres*

Plats complets poisson et fruits de mer

Une salade en guise de plat complet peut être servie tiède, froide ou chaude. Ce qui la distingue des plats complets traditionnels, c'est qu'elle peut marier toutes sortes de saveurs : du thon avec des nouilles soba ou des crevettes avec de la mangue. Une façon de manger tout en légèreté, en fraîcheur et en saveur…

Salade au saumon fumé, à l'orange et à l'avocat

Pour 4 personnes

Préparation 15 minutes

2 grosses oranges (600 g) pelées à vif, quartiers séparés
2 gros avocats (640 g) coupés en tranches épaisses
300 g de saumon fumé, coupé en morceaux
40 g de pousses d'épinards
10 g de mâche

Vinaigrette au raifort
60 ml de jus d'orange
1 c. à s. d'huile d'olive
1 c. à s. de vinaigre de vin blanc
1 c. à s. de crème au raifort

1. Préparez la vinaigrette au raifort.

2. Dans un grand saladier, mélangez ensemble les quartiers d'oranges, les avocats, le saumon, les pousses d'épinards et la mâche. Répartissez ce mélange sur les assiettes et arrosez de vinaigrette au raifort.

Vinaigrette au raifort Versez les ingrédients dans un shaker pour sauce à salade. Fermez puis secouez énergiquement.

Par portion *444 kcal ; 35,9 g de lipides (dont 7,7 g de graisses saturées) ; 10,9 g de glucides ; 18,3 g de protéines ; 4,3 g de fibres*

Note *Si vous le souhaitez, vous pouvez remplacer le saumon par de la truite fumée.*

Vermicelles au saumon et au gingembre mariné

Pour 4 personnes

Préparation et cuisson 35 minutes

100 g de vermicelles de riz
800 g de filets de saumon avec la peau
3 échalotes (75 g) émincées
40 g de feuilles de coriandre fraîche
2 c. à s. de gingembre mariné, égoutté et émincé

Sauce au sésame et au soja
1 c. à s. de graines de sésame grillées
2 c. à s. de jus de citron
1 c. à s. de sirop de gingembre mariné
1 c. à s. de sauce soja claire
1 c. à s. de kecap manis
2 c. à c. d'huile de sésame
2 c. à c. d'huile d'olive

1. Mettez les vermicelles dans un récipient résistant à la chaleur. Recouvrez d'eau bouillante. Laissez reposer jusqu'à ce qu'ils soient juste cuits. Égouttez. Rincez-les sous l'eau froide et égouttez-les de nouveau.

2. Pendant ce temps, faites cuire le saumon, côté peau vers le bas, dans une poêle-gril huilée bien chaude pendant 5 minutes. Tournez les filets et poursuivez la cuisson 4 minutes. Ôtez la peau du poisson et faites-la griller dans la poêle-gril jusqu'à ce qu'elle soit bien croustillante. Émincez la peau et émiettez grossièrement les filets.

3. Préparez la sauce au sésame et au soja.

4. Dans un grand saladier, mélangez les vermicelles, les échalotes, la coriandre, le gingembre et la moitié de la sauce. Répartissez ce mélange sur les assiettes. Ajoutez les morceaux de saumon, arrosez de sauce et parsemez de languettes de peau grillée.

Sauce au sésame et au soja Mélangez tous les ingrédients dans un bol.

Par portion *429 kcal ; 20,7 g de lipides (dont 4 g de graisses saturées) ; 17,7 g de glucides ; 42,3 g de protéines ; 1,3 g de fibres*

Note *La peau du saumon devient particulièrement croustillante lorsqu'elle est grillée deux fois, comme dans cette recette. Ainsi grillée, la peau apporte une touche intéressante au niveau texture et saveur.*

Nouilles soba au thon et vinaigrette à la coriandre

Pour 6 personnes

Préparation et cuisson 30 minutes

270 g de nouilles soba
700 g de darnes de thon
1 petit concombre libanais (130 g), épépiné et émincé
2 ciboules émincées
1 feuille de nori émiettée
1 c. à s. de graines de cumin noir

Vinaigrette à la coriandre
20 g de feuilles de coriandre fraîche
60 ml d'huile d'olive
60 ml de jus de citron
2 c. à s. de vinaigre de riz
1 c. à c. d'huile de sésame
1 cm de gingembre frais (5 g), râpé
1 gousse d'ail coupée en quatre

1. Faites cuire les nouilles dans une grande quantité d'eau bouillante. Égouttez-les, rincez-les sous l'eau froide puis égouttez-les de nouveau.

2. Pendant ce temps, préparez la vinaigrette à la coriandre.

3. Faites cuire les darnes de thon dans une poêle-gril huilée bien chaude. Quand il est cuit selon votre goût, coupez-le en gros morceaux.

4. Dans un grand saladier, mélangez les nouilles, le concombre, les ciboules, le nori, les graines de cumin et la vinaigrette à la coriandre. Répartissez cette salade sur les assiettes. Ajoutez le thon dessus.

Vinaigrette à la coriandre Dans un robot, mélangez tous les ingrédients ensemble.

Par portion *426 kcal ; 17,1 g de lipides (dont 4,2 g de graisses saturées) ; 31,8 g de glucides ; 34,8 g de protéines ; 2,3 g de fibres*

Salade de pommes de terre au thon

Pour 4 personnes

Préparation et cuisson 35 minutes

2 pommes de terre moyennes (400 g) non pelées, coupées en tranches épaisses
1 c. à s. d'huile d'olive
20 g de beurre
200 g de haricots verts parés
500 g de darnes de thon
1 grosse tomate (220 g) coupée en quartiers
80 g d'olives noires dénoyautées
10 g de feuilles de menthe fraîche

Sauce citronnée
80 ml de jus de citron
2 c. à s. d'huile d'olive
1 gousse d'ail écrasée
½ c. à c. de cumin en poudre

1. Faites cuire les pommes de terre à l'eau bouillante, à la vapeur ou au micro-ondes, puis égouttez-les.

2. Faites chauffer l'huile d'olive et le beurre dans une poêle. Faites-y dorer les pommes de terre en plusieurs fois. Égouttez-les sur du papier absorbant.

3. Pendant ce temps, faites cuire les haricots verts à l'eau bouillante, à la vapeur ou au micro-ondes. Égouttez-les, rincez-les sous l'eau froide puis rincez-les de nouveau.

4. Préparez la sauce citronnée.

5. Faites cuire le thon dans une poêle-gril huilée bien chaude. Lorsqu'il est cuit selon votre goût, coupez-le en tranches fines.

6. Répartissez les pommes de terre, les haricots verts, les quartiers de tomate et les olives sur les assiettes. Ajoutez le poisson, arrosez de sauce citronnée et parsemez de feuilles de menthe.

Sauce citronnée Versez les ingrédients dans un shaker pour sauce à salade. Fermez puis secouez énergiquement.

Par portion *463 kcal ; 25,4 g de lipides (dont 7,6 g de graisses saturées) ; 20,6 g de glucides ; 38,9 g de protéines ; 4,6 g de fibres*

Salade de crevettes à la mangue

Pour 4 personnes

Préparation et cuisson 35 minutes + réfrigération

1 kg de grosses crevettes non cuites
2 c. à s. de sauce soja claire
2 c. à c. d'huile de sésame
1 long piment rouge frais, haché finement
2 c. à c. de tiges et de racines de coriandre fraîche, ciselées
1 cm de gingembre frais (5 g), râpé
2 gousses d'ail écrasées
1 mangue moyenne (430 g), coupée en tranches fines
1 gros poivron rouge (350 g), taillé en languettes
1 petit concombre libanais (130 g) épépiné et émincé
80 g de germes de soja
20 g de feuilles de coriandre fraîche
2 ciboules émincées

Sauce au citron vert
80 ml de jus de citron vert
1 c. à s. de sucre de palme râpé
2 c. à c. de nuoc-mâm

1. Décortiquez les crevettes et ôtez les petits boyaux. Laissez les queues intactes. Dans un saladier, mélangez les crevettes avec la sauce soja, l'huile de sésame, le piment, les tiges et les racines de coriandre, le gingembre et l'ail. Placez 30 minutes au réfrigérateur.

2. Pendant ce temps, préparez la sauce au citron vert.

3. Faites cuire les crevettes dans une grande poêle huilée bien chaude, en plusieurs fois, jusqu'à ce qu'elles changent de couleur.

4. Dans un grand saladier, mélangez les crevettes avec la sauce au citron vert et les ingrédients restants.

Sauce au citron vert Versez les ingrédients dans un shaker pour sauce à salade. Fermez puis secouez énergiquement.

Par portion *232 kcal ; 3,5 g de lipides (dont 0,5 de graisses saturées) ; 18 g de glucides ; 29,7 g de protéines ; 3,6 g de fibres*

Salade betterave-fenouil et saumon au carvi

Pour 4 personnes

Préparation et cuisson 30 minutes

1 petit bulbe de fenouil (200 g) paré
1 betterave moyenne (175 g) pelée
1 petite salade trévise (150 g) lavée et émincée
20 g de persil plat frais
1 c. à s. de vinaigre de riz
60 ml d'huile d'olive
4 filets de saumon (880 g)
1 ½ c. à c. de graines de carvi
1 gousse d'ail écrasée
1 citron vert coupé en quartiers

1. À l'aide d'une mandoline ou d'un couteau tranchant, émincez le fenouil et la betterave. Dans un grand saladier, mélangez ensemble le fenouil, la betterave, la trévise, le persil, le vinaigre et 2 cuillerées à soupe d'huile d'olive.

2. Dans un autre saladier, tournez les filets de saumon dans un mélange d'huile d'olive, de graines de carvi et d'ail. Faites cuire le poisson dans une grande poêle bien chaude. Adaptez le temps de cuisson selon votre goût.

3. Répartissez la salade et les filets de saumon sur les assiettes. Servez avec des quartiers de citron vert.

Par portion *469 kcal ; 29,5 g de lipides (dont 5,5 g de graisses saturées) ; 4,8 g de glucides ; 44,7 g de protéines ; 3,6 g de fibres*

Salade de crevettes au tatsoi

Pour 4 personnes

Préparation et cuisson 30 minutes

4 carrés de 9 cm de pâte à wonton
1 kg de grosses crevettes non cuites
4 gousses d'ail écrasées
2 c. à c. d'huile d'olive
80 g de feuilles de tatsoi
1 long piment rouge frais, taillé en allumettes

Sauce au gingembre et au soja
60 ml d'huile d'arachide
1 c. à c. d'huile de sésame
2 c. à s. de jus de citron vert
1 c. à s. de sauce soja claire
1 cm de gingembre frais (5 g), râpé

1. Préchauffez le four à 200 °C (180 °C pour un four à chaleur tournante). Huilez 2 plaques de cuisson et recouvrez-les de papier sulfurisé.

2. Étalez les carrés de pâte à wonton sur les plaques et enfournez 5 minutes pour qu'ils soient croustillants.

3. Préparez la sauce au gingembre et au soja.

4. Décortiquez les crevettes et ôtez les petits boyaux. Laissez les queues intactes. Dans un récipient, mélangez les crevettes et l'ail. Faites chauffer l'huile d'olive dans une grande poêle. Faites-y cuire les crevettes jusqu'à ce qu'elles changent de couleur.

5. Dans un grand saladier, mélangez les feuilles de tatsoi, le piment et la moitié de la sauce gingembre-soja.

6. Répartissez la salade sur les assiettes. Ajoutez les crevettes et arrosez de sauce. Servez avec les carrés de pâte à wonton croustillants.

Sauce au gingembre et au soja Versez les ingrédients dans un shaker pour sauce à salade. Fermez puis secouez énergiquement.

Par portion *289 kcal ; 18,1 g de lipides (dont 3,1 g de graisses saturées) ; 4 g de glucides ; 27 g de protéines ; 1,2 g de fibres*

Truite pochée et salade de pommes de terre

Pour 4 personnes

Préparation et cuisson 25 minutes

800 g de pommes de terre non pelées, coupées en deux
1 litre d'eau
4 languettes de 5 cm de zeste de citron
2 brins d'aneth frais
600 g de filets de truite
1 petit oignon rouge (100 g), émincé
1 petit concombre libanais (130 g), épépiné et émincé
50 g de feuilles de roquette

Sauce au citron et à l'aneth

80 ml d'huile d'olive
60 ml de jus de citron
1 gousse d'ail écrasée
1 c. à s. d'aneth frais ciselé
1 c. à s. de câpres rincées et égouttées

1. Faites cuire les pommes de terre à l'eau bouillante, à la vapeur ou au micro-ondes, puis égouttez-les.

2. Mélangez l'eau, le zeste de citron et l'aneth dans une cocotte. Portez à ébullition. Plongez les filets de truite dans le bouillon, couvrez et laissez frémir 10 minutes. Égouttez. Jetez le bouillon. Ôtez la peau des filets de truite et émiettez-les grossièrement.

3. Pendant ce temps, préparez la sauce au citron et à l'aneth.

4. Dans un saladier, mélangez les morceaux de poisson avec les pommes de terre, la sauce au citron et à l'aneth et les ingrédients restants. Remuez délicatement.

Sauce au citron et à l'aneth Versez les ingrédients dans un shaker pour sauce à salade. Fermez puis secouez énergiquement.

Par portion *486 kcal ; 24,3 g de lipides (dont 3,9 g de graisses saturées) ; 29,3 g de glucides ; 34,9 g de protéines ; 5,1 g de fibres*

Note *Pour cuisiner un poisson tout en légèreté, rien de tel que le pochage. Non seulement vous n'aurez pas besoin d'huile mais, en plus, vous obtiendrez une chair particulièrement moelleuse, légèrement imprégnée des parfums du court-bouillon. Pour que la chair soit vraiment délicate, veillez à ce que la cuisson soit lente, dans un bouillon frémissant.*

Salade de petite friture et mayonnaise à l'ail

Pour 4 personnes

Préparation 40 minutes

2 c. à s. de sel
2 c. à s. de piment séché
1 c. à s. de paprika doux
135 g de semoule
170 g de polenta
500 g de petite friture
huile végétale, pour la friture
1 petit concombre libanais (130 g), taillé en allumettes
1 poivron rouge moyen (200 g), taillé en allumettes
1 petit oignon rouge (100 g), émincé
80 g de mizuna

Mayonnaise à l'ail
150 g de mayonnaise
4 gousses d'ail écrasées
2 c. à s. de jus de citron

1. Préparez la mayonnaise à l'ail.

2. Dans un grand récipient, mélangez le sel, le piment, le paprika, la semoule et la polenta. Versez la friture de petits poissons et remuez pour bien l'enduire de ce mélange.

3. Faites chauffer l'huile dans un wok. Faites-y frire les poissons en plusieurs fois. Épongez-les avec du papier absorbant.

4. Dans un grand saladier, mélangez les ingrédients restants. Répartissez la salade sur les assiettes, ajoutez la petite friture de poissons et servez avec la mayonnaise à l'ail.

Mayonnaise à l'ail Mélangez les ingrédients dans un bol.

Par portion *709 kcal ; 35,1 g de lipides (dont 6,1 g de graisses saturées) ; 64 g de glucides ; 31,8 g de protéines ; 4,8 g de fibres*

Salade tiède aux calamars farcis et aux tomates

Pour 4 personnes

Préparation et cuisson 45 minutes

120 g d'olives noires dénoyautées
40 g de feta émiettée
1 c. à s. de zeste de citron râpé finement
20 g de feuilles d'origan frais
12 petits calamars nettoyés (700 g)
4 tomates allongées (type roma) moyennes (300 g), coupées en quartiers
1 gros oignon rouge (300 g), coupé en morceaux
2 c. à s. d'huile d'olive
1 petite chicorée frisée (300 g), lavée

Vinaigrette à l'origan
60 ml d'huile d'olive
2 c. à s. de vinaigre de vin rouge
1 gousse d'ail écrasée
1 c. à s. d'origan frais ciselé

1. Préchauffez le four à 180 °C (160 °C pour un four à chaleur tournante).

2. Dans un saladier, mélangez ensemble les olives, la feta, le zeste de citron et l'origan. Farcissez les calamars de cette préparation. Maintenez-les fermés avec des bâtonnets en bois. Placez-les au réfrigérateur.

3. Étalez les tomates et l'oignon dans un grand plat à gratin. Arrosez d'huile d'olive. Faites rôtir environ 15 minutes jusqu'à ce que les tomates commencent à ramollir. Sortez le plat du four. Posez les calamars farcis sur les tomates. Poursuivez la cuisson 10 minutes.

4. Pendant ce temps, préparez la vinaigrette à l'origan.

5. Dans un grand saladier, mélangez ensemble les tomates, l'oignon et les feuilles de frisée. Répartissez cette préparation sur les assiettes. Ajoutez les calamars. Arrosez de vinaigrette.

Vinaigrette à l'origan Versez les ingrédients dans un shaker pour sauce à salade. Fermez puis secouez énergiquement.

Par portion *697 kcal ; 48,8 g de lipides (dont 19,3 g de graisses saturées) ; 13,2 g de glucides ; 50,2 g de protéines ; 4,3 g de fibres*

Salade de petits poulpes au tamarin et au piment

Pour 4 personnes

Préparation et cuisson 35 minutes

1 kg de petits poulpes nettoyés
1 c. à s. de tamarin concentré
1 petit piment rouge thaï frais, haché finement
2 c. à s. d'huile d'arachide
80 g de germes de soja
50 g de pousses de pois mange-tout
100 g de pois gourmands, parés et émincés dans le sens de la longueur
1 petit poivron rouge (150 g) émincé
40 g de feuilles de coriandre fraîche

Sauce au citron vert et au sucre de palme

60 ml d'huile d'arachide
1 c. à c. de zeste de citron vert, râpé finement
2 c. à s. de jus de citron vert
1 c. à s. de sucre de palme râpé

1. Préparez la sauce au citron vert et au sucre de palme.

2. Dans un grand récipient, mélangez les petits poulpes, le tamarin, le piment et la moitié de l'huile.

3. Faites chauffer le reste d'huile dans un wok. Faites-y cuire les poulpes en plusieurs fois.

4. Dans un grand saladier, mélangez ensemble les petits poulpes, la sauce au citron vert et au sucre de palme et les ingrédients restants.

Sauce au citron vert et au sucre de palme Versez les ingrédients dans un shaker pour sauce à salade. Fermez puis secouez énergiquement.

Par portion *432 kcal ; 24,7 g de lipides (dont 4,1 g de graisses saturées) ; 7,6 g de glucides ; 43,9 g de protéines ; 2,5 g de fibres*

Salade aux écrevisses grillées

Pour 4 personnes

Préparation et cuisson 40 minutes

2 mini aubergines (120 g)
1 petite courgette (120 g)
1 poivron rouge moyen (200 g), haché finement
3 champignons à farcir (240 g), coupés en morceaux
2 c. à s. d'huile d'olive
6 queues d'écrevisses crues (1,5 kg), coupées en deux dans le sens de la longueur
250 g de roquette lavée

Beurre pimenté au citron vert

60 g de beurre en pommade
2 c. à c. de zeste de citron vert, râpé finement
2 c. à s. de jus de citron vert
1 long piment rouge frais, haché finement
2 gousses d'ail écrasées

1. À l'aide d'un épluche-légumes, taillez les aubergines et la courgette en longs rubans minces. Dans un grand récipient, mélangez ensemble les rubans d'aubergines et de courgette, le poivron, les champignons et l'huile d'olive.

2. Faites cuire les légumes en plusieurs fois dans une poêle-gril bien chaude. Couvrez pour maintenir au chaud.

3. Faites cuire les queues d'écrevisses dans une poêle-gril huilée bien chaude.

4. Préparez le beurre pimenté au citron vert.

5. Dans un grand saladier, mélangez ensemble les légumes, les écrevisses et le beurre pimenté.

6. Répartissez la roquette sur les assiettes. Ajoutez la préparation aux légumes et aux écrevisses.

Beurre pimenté au citron vert Mélangez tous les ingrédients dans un bol.

Par portion *456 kcal ; 25,1 g de lipides (dont 10 g de graisses saturées) ; 5,4 g de glucides ; 72,4 g de protéines ; 4,6 g de fibres*

Note *Vous pouvez remplacer les queues d'écrevisses par des crevettes ou du crabe.*

Plats complets volaille

Salade César et poulet cajun

Pour 4 personnes

Préparation et cuisson 45 minutes

1 petite baguette de pain (75 g)
20 g de beurre fondu
1 c. à s. de persil plat frais ciselé
2 c. à s. d'huile d'olive
4 tranches (60 g) de prosciutto
600 g de blancs de poulet
2 c. à c. de mélange d'épices cajun
1 petite salade romaine (180 g), lavée et effeuillée
40 g de copeaux de parmesan

Sauce César
1 œuf
1 gousse d'ail coupée en quatre
2 c. à s. de jus de citron
½ c. à c. de moutarde de Dijon
5 filets d'anchois égouttés
160 ml d'huile d'olive

1. Préchauffez le four à 200 °C (180 °C pour un four à chaleur tournante).

2. Émiettez le pain. Dans un saladier, mélangez les morceaux de pain avec le beurre, le persil et la moitié de l'huile d'olive. Étalez le pain sur une plaque de cuisson huilée en une seule couche. Faites griller 10 minutes au four.

3. Pendant ce temps, préparez la sauce César.

4. Faites griller le prosciutto dans une poêle huilée bien chaude pour qu'il soit croustillant. Égouttez-le sur du papier absorbant et laissez-le refroidir. Coupez-le en morceaux.

5. Dans un saladier, mélangez ensemble les blancs de poulet, les épices cajun et le reste d'huile. Faites cuire le poulet dans la poêle bien chaude. Retirez la poêle du feu, couvrez-la et laissez la viande reposer 5 minutes. Coupez le poulet en morceaux.

6. Dans un grand saladier, mélangez le poulet avec le prosciutto, le pain grillé et les ingrédients restants. Arrosez de sauce César.

Sauce César Dans un robot, mixez ensemble l'œuf, l'ail, le jus de citron, la moutarde et les anchois jusqu'à obtention d'une pâte lisse. Sans couper le moteur, versez l'huile en filet et continuez de mixer jusqu'à ce que la sauce épaississe légèrement.

Par portion *784 kcal ; 63,1 g de lipides (dont 14,2 g de graisses saturées) ; 11 g de glucides ; 43,8 g de protéines ; 1,8 g de fibres*

Poulet au sésame et sauce soja-miel

Pour 4 personnes

Préparation et cuisson 25 minutes

600 g de blancs de poulet coupés en deux dans le sens de la longueur
1 blanc d'œuf battu légèrement
75 g de graines de sésame
2 c. à s. d'huile d'olive
100 g de légumes verts asiatiques
1 petit oignon rouge (100 g), émincé
100 g de noix de cajou non salées, grillées et hachées grossièrement

Sauce au soja et au miel

60 ml de jus de citron
2 c. à s. de sauce soja claire
1 c. à s. d'huile d'olive
2 c. à c. de miel
½ c. à c. d'huile de sésame

1. Tournez les blancs de poulet dans le blanc d'œuf puis dans les graines de sésame. Faites chauffer l'huile d'olive dans une grande poêle et faites-y cuire les blancs de poulet. Retirez la poêle du feu, couvrez-la et laissez la viande reposer 5 minutes. Coupez le poulet en gros morceaux.

2. Pendant ce temps, préparez la sauce au soja et au miel.

3. Répartissez les légumes verts, l'oignon et les noix de cajou sur les assiettes. Ajoutez le poulet et arrosez de sauce au soja et au miel.

Sauce au soja et au miel Mélangez tous les ingrédients dans un bol.

Par portion *631 kcal ; 45,9 g de lipides (dont 8 g de graisses saturées) ; 11,8 g de glucides ; 42,1 g de protéines ; 3,8 g de fibres*

Canard croustillant aux figues

Pour 4 personnes

Préparation et cuisson 25 minutes

600 g de magrets de canard avec la peau
80 g de cresson lavé
250 g de petites tomates cerises jaunes, coupées en deux
4 figues moyennes (240 g), coupées en quatre

Sauce au vinaigre balsamique

125 ml de vinaigre balsamique
2 c. à s. de sucre roux
½ c. à c. de cannelle en poudre
½ c. à c. de clous de girofle en poudre

1. Préparez la sauce au vinaigre balsamique.

2. Pendant ce temps, faites cuire les magrets 5 minutes, côté peau vers le bas, dans une poêle bien chaude. Quand la peau est bien croustillante, tournez les magrets et poursuivez la cuisson 5 minutes. Quand ils sont cuits à votre goût, retirez la poêle du feu, couvrez-la et laissez la viande reposer 5 minutes. Coupez le canard en tranches fines.

3. Dans un saladier, mélangez le cresson avec les tomates et la sauce. Répartissez les figues, le mélange cresson-tomates et enfin, les tranches de canard, sur les assiettes.

Sauce au vinaigre balsamique Mélangez tous les ingrédients dans une petite casserole. Faites chauffer à feu doux en remuant, sans faire bouillir, jusqu'à ce que le sucre soit dissous. Portez à ébullition. Réduisez le feu et laissez mijoter 5 minutes, sans couvrir, jusqu'à ce que le sirop épaississe légèrement. Laissez refroidir. Si le mélange est trop épais, incorporez un peu d'eau bouillante.

Par portion *634 kcal ; 55,6 g de lipides (dont 16,7 g de graisses saturées) ; 12,6 g de glucides ; 21 g de protéines ; 2,9 g de fibres*

Poulet fumé aux épinards et aux amandes

Pour 4 personnes

Préparation et cuisson 30 minutes

350 g de filets de poulet fumé, coupés en tranches fines
3 branches de céleri (450 g) parées et émincées
3 petites tomates (270 g) coupées en quatre et épépinées
100 g de pousses d'épinards
4 œufs durs, coupés en quatre
2 ciboules émincées
70 g d'amandes effilées, grillées

Mayonnaise au cumin
2 c. à c. de graines de cumin grillées
150 g de mayonnaise
60 ml de jus de citron

1. Préparez la mayonnaise au cumin.

2. Dans un grand saladier, mélangez ensemble le poulet, le céleri, les tomates, les épinards, les œufs, les ciboules et les amandes.

3. Répartissez cette salade sur les assiettes et arrosez de mayonnaise au cumin.

Mayonnaise au cumin À l'aide d'un mortier et d'un pilon, broyez finement les graines de cumin. Dans un bol, mélangez les graines broyées avec la mayonnaise et le jus de citron.

Par portion *489 kcal ; 33,5 g de lipides (dont 5,3 g de graisses saturées) ; 11,3 g de glucides ; 34 g de protéines ; 4,7 g de fibres*

Poulet fumé à la pêche et aux noix de pécan

Pour 4 personnes

Préparation et cuisson 20 minutes

170 g d'asperges parées, coupées en tronçons de 3 cm
600 g de filets de poulet fumé, coupés en tranches fines
1 petit oignon rouge (100 g), émincé
2 pêches moyennes (300 g), coupées en tranches fines
120 g de noix de pécan grillées
150 g de pousses d'épinards

Vinaigrette à l'aneth
80 ml d'huile d'olive
2 c. à s. de vinaigre de cidre
1 c. à s. d'aneth frais ciselé

1. Faites cuire les asperges à l'eau bouillante, à la vapeur ou au micro-ondes. Égouttez-les, rincez-les sous l'eau froide puis égouttez-les de nouveau.

2. Préparez la vinaigrette à l'aneth.

3. Dans un grand saladier, mélangez les asperges avec la vinaigrette à l'aneth et les ingrédients restants.

Vinaigrette à l'aneth Versez les ingrédients dans un bocal. Fermez le bocal et secouez énergiquement.

Par portion *658 kcal ; 50,5 g de lipides (dont 6,9 de graisses saturées) ; 7,4 g de glucides ; 42,4 g de protéines ; 5,2 g de fibres*

Salade tiède au canard, aux pommes et aux noix

Pour 4 personnes

Préparation et cuisson 45 minutes + réfrigération

2 grosses pommes granny-smith (400 g) non pelées
180 ml de vinaigre de cidre
180 ml d'eau
1 c. à s. de sucre roux
2 languettes de 5 cm de zeste de citron
1 bâton de cannelle
1 étoile d'anis
4 magrets de canard (600 g) avec la peau
1 c. à c. de sel de mer
1 c. à c. de poivre de Sichuan moulu
¼ de c. à c. de gingembre en poudre
40 g de beurre
80 g de pousses d'épinards
4 ciboules coupées en tronçons de 3 cm
25 g de noix hachées grossièrement

Sauce à la moutarde de Dijon
2 c. à s. de vinaigre de riz
1 c. à s. d'huile d'olive
2 c. à c. de mirin
1 c. à c. de moutarde de Dijon

1. Coupez les pommes en quatre et ôtez le trognon. Dans une casserole, portez à ébullition les pommes, le vinaigre, l'eau, le sucre, le zeste de citron, la cannelle et l'anis étoilé. Réduisez le feu et laissez mijoter 8 minutes, sans couvrir, jusqu'à ce que les pommes soient fondantes. Égouttez et coupez chaque quartier de pomme en deux dans le sens de la longueur. Placez 20 minutes au réfrigérateur.

2. Pendant ce temps, préparez la sauce à la moutarde de Dijon.

3. Éliminez l'excédent de gras des magrets. Frottez-les avec un mélange de sel, de poivre de Sichuan et de gingembre. Percez la peau du canard plusieurs fois avec une fourchette. Faites-le cuire 8 minutes, côté peau vers le bas, dans une poêle huilée bien chaude. Quand la peau est bien croustillante, tournez-les et poursuivez la cuisson 5 minutes. Quand le canard est cuit à votre goût, retirez la poêle du feu, couvrez-la et laissez reposer la viande 5 minutes. Coupez le canard en tranches fines.

4. Pendant ce temps, faites chauffer le beurre dans une poêle. Faites-y dorer les morceaux de pommes, en les tournant de temps en temps.

5. Répartissez les épinards et les ciboules sur les assiettes. Ajoutez les magrets, les pommes puis les noix. Arrosez de sauce.

Sauce à la moutarde de Dijon Versez les ingrédients dans un shaker pour sauce à salade. Fermez et secouez énergiquement.

Par portion *787 kcal ; 72,6 g de lipides (dont 23 g de graisses saturées) ; 12,6 g de glucides ; 21,5 g de protéines ; 2,7 g de fibres*

Poulet et patate douce, sauce au sirop d'érable

Pour 4 personnes

Préparation et cuisson 40 minutes

2 c. à c. de quatre-épices
800 g de blancs de poulet
1 patate douce moyenne (400 g), coupée en lamelles
1 gros oignon rouge (300 g), coupé en morceaux
100 g de petites feuilles de roquette

Sauce au sirop d'érable

60 ml d'huile d'olive
2 c. à s. de vinaigre de malt
2 c. à s. de jus d'orange
1 c. à s. de sirop d'érable
2 c. à c. de moutarde de Dijon

1. Préparez la sauce au sirop d'érable.

2. Frottez les blancs de poulet avec le quatre-épices. Faites cuire la viande dans une poêle-gril huilée bien chaude. Quand le poulet est cuit à votre goût, arrêtez la cuisson, couvrez la poêle et laissez reposer 5 minutes. Coupez la viande en tranches fines.

3. Pendant ce temps, faites cuire les lamelles de patate douce et l'oignon dans la poêle-gril huilée bien chaude jusqu'à ce qu'ils soient fondants.

4. Dans un grand saladier, mélangez le poulet avec la patate douce, l'oignon, la roquette et la sauce au sirop d'érable.

Sauce au sirop d'érable Versez les ingrédients dans un shaker pour sauce à salade. Fermez puis secouez énergiquement.

Par portion *504 kcal ; 25 g de lipides (dont 5,3 g de graisses saturées) ; 21,9 g de glucides ; 46,3 g de protéines ; 3 g de fibres*

Riz au poulet, citron confit et canneberges

Pour 4 personnes

Préparation et cuisson 25 minutes

500 ml d'eau
4 languettes de 5 cm de zeste de citron
600 g de blancs de poulet
450 g de mélange de riz long blanc et de riz sauvage, cuit
40 g de menthe fraîche ciselée
65 g de canneberges séchées
2 c. à s. de zeste de citron confit, haché finement

Sauce au citron et aux canneberges

80 ml d'huile d'olive
60 ml de jus de canneberges
2 c. à s. de jus de citron
2 c. à c. de sucre en poudre
1 c. à s. de sauce aux canneberges (épiceries britanniques)

1. Dans une casserole, portez à ébullition l'eau avec le zeste de citron. Plongez-y les blancs de poulet, baissez le feu, couvrez et laissez cuire 10 minutes. Laissez reposer la viande 10 minutes dans l'eau avant de l'égoutter puis de la couper en tranches fines.

2. Pendant ce temps, préparez la sauce aux canneberges.

3. Dans un grand saladier, mélangez le poulet, la sauce et les ingrédients restants.

Sauce au citron et aux canneberges Versez les ingrédients dans un shaker pour sauce à salade. Fermez puis secouez énergiquement.

Par portion *633 kcal ; 27,1 g de lipides (dont 5,2 g de graisses saturées) ; 59,3 g de glucides ; 36,3 g de protéines ; 3,2 g de fibres*

Note *Le citron confit a une saveur très puissante. Veillez à n'utiliser que le zeste et non la pulpe. Le riz sauvage se caractérise par son petit goût de noisette et son croquant. Prévoyez environ un tiers de riz sauvage et deux tiers de riz blanc.*

Canard à la pékinoise et litchis

Pour 4 personnes

Préparation et cuisson 25 minutes

1 kg de canard à la pékinoise
565 g de litchis au sirop en boîte, égouttés et coupés en deux
6 radis (90 g) parés et émincés
60 g de mizuna
20 g de feuilles de menthe fraîche, hachées grossièrement
2 ciboules émincées

Sauce pimentée au citron kaffir
60 ml de jus de citron vert
1 c. à s. d'huile d'olive
1 c. à c. de nuoc-mâm
1 c. à c. de sucre de palme râpé
2 feuilles de citronnier kaffir, ciselées
1 petit piment rouge thaï frais, haché finement
1 gousse d'ail écrasée

1. Découpez le canard. Détachez la viande des os. Jetez les os. Coupez la peau en gros morceaux et émincez la chair.

2. Préparez la sauce pimentée au citron kaffir.

3. Dans un grand saladier, mélangez le canard avec la sauce pimentée et les ingrédients restants.

Sauce pimentée au citron kaffir Versez les ingrédients dans un shaker pour sauce à salade. Fermez puis secouez énergiquement.

Par portion *578 kcal ; 41,9 g de lipides (dont 11,8 g de graisses saturées) ; 20,3 g de glucides ; 29,6 g de protéines ; 2,7 g de fibres*

Cailles et trévise aux poires

Pour 4 personnes

Préparation et cuisson 45 minutes

4 cailles (640 g)
16 feuilles de sauge fraîche
4 tranches de prosciutto (60 g) coupées en deux dans le sens de la longueur
2 c. à c. d'huile d'olive
1 pomélo ruby red (350 g)
40 g de beurre
2 petites poires (360 g) coupées en quartiers
2 petites trévises (300 g) lavées et effeuillées

Sauce au vinaigre balsamique
2 c. à s. de vinaigre balsamique
1 c. à s. d'huile d'olive
1 gousse d'ail écrasée

1. À l'aide de ciseaux de cuisine, fendez les cailles en deux, le long du bréchet et de l'épine dorsale. Jetez cette dernière. Appliquez 2 feuilles de sauge sur chaque demi-caille puis enveloppez-les dans une tranche de prosciutto.

2. Faites chauffer l'huile d'olive dans une grande poêle. Faites-y cuire les cailles 10 minutes en plusieurs fois.

3. Pendant ce temps, séparez les quartiers du pomélo au-dessus d'un bol. Réservez 1 cuillerée à soupe de jus pour la sauce.

4. Préparez la sauce au vinaigre balsamique.

5. Faites chauffer le beurre dans une poêle. Faites-y revenir les quartiers de poires 4 minutes jusqu'à ce qu'ils soient moelleux.

6. Répartissez les feuilles des trévises ainsi que les quartiers du pomélo et des poires sur les assiettes. Déposez les moitiés de cailles sur cette préparation et arrosez de sauce.

Sauce au vinaigre balsamique Versez le vinaigre, l'huile d'olive, l'ail et 1 cuillerée à soupe du jus du pomélo dans un shaker pour sauce à salade. Fermez puis secouez énergiquement.

Par portion *364 kcal ; 25,1 g de lipides (dont 9 g de graisses saturées) ; 13,6 g de glucides ; 19,4 g de protéines ; 3,9 g de fibres*

Salade de dinde aux griottes

Pour 4 personnes

Préparation et cuisson 30 minutes

1 c. à s. d'huile d'arachide
600 g de dinde hachée
2 gousses d'ail écrasées
2 cm de gingembre frais (10 g), râpé
1 long piment rouge frais, haché finement
2 c. à s. de sucre roux
1 c. à s. de nuoc-mâm
1 c. à s. de sauce soja japonaise (shoyu)
2 c. à s. de sirop de griottes en boîte
200 g de griottes en boîte, égouttées et dénoyautées
40 g de feuilles de coriandre fraîche
8 feuilles de romaine moyenne
40 g de germes de soja

1. Faites chauffer l'huile dans un wok puis faites-y revenir la dinde, l'ail, le gingembre et le piment jusqu'à ce que la viande commence à se colorer. Versez le contenu du wok dans un récipient.

2. Versez le sucre, le nuoc-mâm, la sauce soja et le sirop de griottes dans le wok. Portez à ébullition. Réduisez le feu et laissez mijoter 2 minutes sans couvrir. Remettez la dinde hachée dans le wok et poursuivez la cuisson 2 minutes sans couvrir jusqu'à ce que le mélange soit légèrement sec et collant. Ajoutez les griottes et réchauffez le tout en remuant. Hors du feu, ajoutez la coriandre.

3. Répartissez cette préparation sur les feuilles de romaine. Parsemez de germes de soja.

Par portion *387 kcal ; 16,7 g de lipides (dont 4,5 g de graisses saturées) ; 26,7 g de glucides ; 30,9 g de protéines ; 2 g de fibres*

Pâtes au poulet et pesto à la roquette

Pour 4 personnes

Préparation et cuisson 30 minutes

375 g de pâtes coquilles
120 g de petits pois surgelés
480 g de poulet rôti, coupé en petits morceaux
40 g de petites feuilles de roquette

Pesto à la roquette

40 g de petites feuilles de roquette
2 c. à s. de pignons de pin grillés
40 g de parmesan râpé finement
2 c. à s. de zeste de citron râpé finement
1 c. à s. de jus de citron
60 ml d'huile d'olive

1. Faites cuire les pâtes dans une grande casserole d'eau bouillante. Deux minutes avant la fin de la cuisson, versez les petits pois dans la cocotte. Égouttez.

2. Pendant ce temps, préparez le pesto à la roquette.

3. Dans un grand saladier, mélangez ensemble les pâtes, les petits pois, le pesto à la roquette, le poulet et les feuilles de roquette.

Pesto à la roquette Dans un robot, hachez finement la roquette, les pignons, le parmesan, le zeste et le jus de citron. Sans couper le moteur, versez l'huile d'olive en filet. Mixez jusqu'à obtention d'une purée lisse.

Par portion *758 kcal ; 32,4 g de lipides (dont 7,1g de graisses saturées) ; 66,6 g de glucides ; 47 g de protéines ; 5,6 g de fibres*

Note *Dans cette recette, vous aurez besoin d'un gros poulet d'environ 900 g pour recueillir 480 g de chair.*

Plats complets bœuf et veau

Salade thaïe au bœuf, au piment et au citron vert

Pour 4 personnes

Préparation et cuisson 30 minutes

500 g de filet de bœuf
100 g de vermicelles de riz
1 petit concombre libanais (130 g), épépiné et émincé
10 g de feuilles de coriandre fraîche
15 g de feuilles de basilic thaï frais
10 cm de citronnelle (20 g) émincée
2 feuilles de citronnier kaffir, ciselées
2 échalotes (50 g) émincées
2 c. à s. d'échalotes frites

Assaisonnement thaï
2 petits piments rouges thaïs frais, coupés en deux
1 gousse d'ail coupée en quatre
¼ de c. à c. de sucre en poudre
80 ml de jus de citron vert
2 c. à s. de nuoc-mâm

1. Faites cuire le bœuf dans une poêle-gril huilée bien chaude. Quand la viande est cuite selon votre goût, arrêtez la cuisson, couvrez la poêle et laissez reposer 5 minutes. Coupez le bœuf en tranches fines.

2. Pendant ce temps, versez les vermicelles dans un plat résistant à la chaleur. Recouvrez-les d'eau bouillante et laissez-les ramollir. Égouttez-les puis rincez-les sous l'eau froide et égouttez-les de nouveau.

3. Préparez l'assaisonnement thaï.

4. Dans un grand saladier, mélangez le bœuf avec les vermicelles, le concombre, la coriandre, le basilic thaï, la citronnelle, les feuilles de kaffir et les échalotes. Répartissez cette salade sur les assiettes. Arrosez d'assaisonnement thaï et parsemez d'échalotes frites.

Assaisonnement thaï À l'aide d'un mortier et d'un pilon, écrasez les piments, l'ail et le sucre jusqu'à obtention d'une pâte. Dans un bol, mélangez cette préparation avec les ingrédients restants.

Par portion *271 kcal ; 8,3 g de lipides (dont 3,2 g de graisses saturées) ; 18,6 g de glucides ; 29,5 g de protéines ; 1,5g de fibres*

Note *Vous trouverez des échalotes frites dans les épiceries asiatiques.*

Bœuf aux épices et salade tomate-poivron

Pour 4 personnes

Préparation et cuisson 30 minutes

2 pitas (170 g)
500 g de filet de bœuf
2 c. à c. de paprika fort
1 c. à c. de poivre noir moulu
½ c. à c. de poivre de Cayenne
¼ de c. à c. d'origan séché
¼ de c. à c. de thym séché
3 tomates moyennes (450 g), hachées finement
1 gros poivron vert (350 g) haché finement
1 petit concombre libanais (130 g), épépiné et haché finement
20 g de menthe fraîche, hachée grossièrement
1 c. à s. d'huile d'olive
1 c. à s. de vinaigre balsamique
1 gousse d'ail écrasée

1. Préchauffez le gril du four.

2. Fendez les pitas en deux puis faites-les griller jusqu'à ce qu'elles soient légèrement dorées. Rompez-les grossièrement.

3. Frottez la viande avec les épices mélangées. Faites cuire le bœuf dans une poêle-gril huilée bien chaude. Quand la viande est cuite selon votre goût, arrêtez la cuisson, couvrez la poêle et laissez reposer 5 minutes. Coupez le bœuf en tranches fines.

4. Pendant ce temps, mélangez les ingrédients restants dans un grand saladier. Disposez les tranches de bœuf sur les assiettes. Répartissez la salade sur la viande et servez avec les morceaux de pitas.

Par portion *369 kcal ; 13,3 g de lipides (dont 3,9 g de graisses saturées) ; 26,8 g de glucides ; 32,9 g de protéines ; 4,1 g de fibres*

Salade tiède à la bolognaise

Pour 6 personnes

Préparation et cuisson 1 heure 15 + refroidissement

1 c. à s. d'huile d'olive
1 oignon moyen (150 g), haché finement
1 carotte moyenne (120 g), hachée finement
1 branche de céleri (150 g) parée et hachée finement
500 g de bœuf haché
250 ml de lait
30 g de beurre
250 ml de bouillon de bœuf
260 g de coulis de tomates
125 ml de vin rouge
2 c. à s. de concentré de tomates
2 c. à s. de persil plat frais, haché grossièrement
375 g de tortiglioni (macaronis torsadés)
75 g de tomates séchées marinées dans l'huile, égouttées et hachées grossièrement
80 g de pousses d'épinards
4 ciboules émincées

1. Faites chauffer l'huile d'olive dans une grande cocotte. Faites-y revenir l'oignon, la carotte et le céleri en remuant. Ajoutez le bœuf haché et poursuivez la cuisson, sans cesser de remuer, jusqu'à ce que la viande change de couleur. Ajoutez le lait et le beurre et faites cuire, en remuant de temps en temps, jusqu'à ce que le liquide réduise de moitié. Ajoutez le bouillon, le coulis, le vin et le concentré de tomates. Laissez mijoter 1 heure sans couvrir jusqu'à épaississement. Hors du feu, ajoutez le persil. Laissez refroidir 20 minutes.

2. Pendant ce temps, faites cuire les pâtes dans une grande casserole d'eau bouillante. Égouttez-les, rincez-les sous l'eau froide puis égouttez-les de nouveau.

3. Dans un grand saladier, mélangez les pâtes avec les tomates séchées, les épinards, les ciboules et la sauce bolognaise.

Par portion *146 kcal ; 5,6 g de lipides (dont 2,4 g de graisses saturées) ; 15,2 g de glucides ; 7,9 g de protéines ; 1,8 g de fibres*

Salade vietnamienne au bœuf mariné

Pour 4 personnes

Préparation et cuisson 25 minutes
+ réfrigération

400 g de filet de bœuf coupé en tranches fines
2 c. à c. de zeste de citron vert râpé finement
60 ml de jus de citron vert
1 c. à s. de nuoc-mâm
1 c. à s. de sucre de palme râpé
1 gousse d'ail écrasée
10 cm de citronnelle (20 g) hachée finement
1 petit piment rouge thaï frais, haché finement
2 cm de gingembre frais (10 g), râpé
60 ml d'huile d'arachide
80 g de germes de soja
1 poivron rouge moyen (200 g), émincé
1 carotte moyenne (120 g), taillée en allumettes
40 g de feuilles de menthe vietnamienne
40 g de feuilles de coriandre fraîche

1. Dans un saladier, mélangez ensemble le bœuf, le zeste et le jus de citron, le nuoc-mâm, le sucre de palme, l'ail, la citronnelle, le piment, le gingembre et 2 cuillerées à soupe d'huile d'arachide. Placez 1 heure au réfrigérateur.

2. Faites chauffer le reste d'huile dans un wok. Faites-y revenir le mélange au bœuf, en plusieurs fois.

3. Versez cette préparation dans un grand saladier. Ajoutez les ingrédients restants et remuez.

Par portion *317 kcal ; 20 g de lipides (dont 5 g de graisses saturées) ; 8,7 g de glucides ; 24,1 g de protéines ; 3,6 g de fibres*

Veau grillé et salade trévise

Pour 4 personnes

Préparation et cuisson 20 minutes
+ réfrigération

600 g de filet de veau
1 c. à s. d'huile d'olive
1 gousse d'ail écrasée
1 c. à c. de zeste de citron râpé finement
½ c. à c. de paprika doux
2 trévises moyennes (400 g), parées et coupées en quatre
250 g de tomates cerises coupées en deux
1 poivron jaune moyen (200 g), coupé en gros morceaux
1 petit oignon rouge (100 g), émincé

Mayonnaise au paprika

150 g de mayonnaise
1 c. à s. de jus de citron
1 c. à c. de paprika doux

1. Dans un saladier, mélangez ensemble le veau, l'huile d'olive, l'ail, le zeste de citron et le paprika. Placez au réfrigérateur au moins 3 heures ou jusqu'au lendemain.

2. Préparez la mayonnaise au paprika.

3. Faites cuire le veau dans une poêle-gril huilée bien chaude. Quand la viande est cuite selon votre goût, arrêtez la cuisson, couvrez la poêle et laissez reposer 5 minutes. Coupez le veau en tranches fines.

4. Pendant ce temps, faites chauffer les quartiers de trévises dans la poêle huilée bien chaude.

5. Mélangez le veau et les ingrédients restants dans un saladier.

6. Répartissez les quartiers de trévises et la préparation au veau sur les assiettes. Arrosez de mayonnaise au paprika.

Mayonnaise au paprika Mélangez tous les ingrédients dans un bol.

Par portion *379 kcal ; 19,4 g de lipides (dont 2,6 g de graisses saturées) ; 12,7 g de glucides ; 36,5 g de protéines ; 4,1 g de fibres*

Plats complets agneau

Agneau au sumac et aubergines grillées

Pour 4 personnes

Préparation et cuisson 45 minutes

1 grosse aubergine (500 g)
huile de cuisson en spray
1 oignon rouge moyen (170 g), émincé
2 c. à s. de vinaigre de vin rouge
1 c. à s. de sucre roux
4 gousses d'ail
50 g de beurre coupé en petits cubes
60 ml d'huile d'olive
1 c. à s. de persil plat frais, ciselé
500 g de petites tomates en grappe
400 g de filet d'agneau
3 c. à c. de sumac
80 g de petites feuilles de roquette
55 g de raisins secs

1. Préchauffez le four à 220 °C (200 °C pour un four à chaleur tournante).

2. Coupez l'aubergine en 4 tranches de 1 cm d'épaisseur. Vaporisez-les d'huile. Faites cuire les tranches dans une poêle-gril bien chaude.

3. Dans un grand plat à gratin, mélangez l'oignon avec le vinaigre, le sucre, l'ail, le beurre et 2 cuillerées à soupe d'huile d'olive. Faites rôtir 10 minutes au four en remuant une fois. Sortez le plat du four, ajoutez le persil et laissez refroidir 5 minutes.

4. Pendant ce temps, posez les tomates sur une plaque de cuisson. Arrosez-les avec le reste d'huile et faites-les rôtir 10 minutes.

5. Frottez l'agneau avec le sumac puis faites-le cuire dans une poêle-gril huilée bien chaude. Quand la viande est cuite à votre goût, arrêtez la cuisson, couvrez la poêle et laissez reposer 5 minutes. Coupez l'agneau en tranches épaisses.

6. Dans un grand saladier, mélangez la roquette, les raisins secs et la préparation à l'oignon. Répartissez les tranches d'aubergine sur les assiettes. Ajoutez la préparation à la roquette, l'agneau et les tomates.

Par portion *471 kcal ; 30,3 g de lipides (dont 10,4 g de graisses saturées) ; 22,6 g de glucides ; 24,3 g de protéines ; 6,9 g de fibres*

Agneau au poivre et salade au cresson

Pour 4 personnes

Préparation et cuisson 30 minutes

2 c. à s. de grains de poivre mélangés
1 c. à s. d'huile d'olive
600 g de filet d'agneau
160 g de petits pois frais ou surgelés
250 g de tomates poires jaunes coupées en deux
100 g de cresson nettoyé
200 g de feta coupée en fines languettes
10 g de menthe fraîche, hachée grossièrement

Sauce au vinaigre de vin blanc
60 ml de vinaigre de vin blanc
1 c. à s. d'huile d'olive
1 gousse d'ail écrasée

1. À l'aide d'un mortier et d'un pilon, écrasez grossièrement les grains de poivre. Dans un récipient, mélangez le poivre concassé, l'huile d'olive et l'agneau. Faites cuire l'agneau dans une grande poêle huilée bien chaude. Quand la viande est cuite à votre goût, couvrez la poêle et laissez reposer 5 minutes. Coupez l'agneau en tranches fines.

2. Pendant ce temps, préparez la sauce au vinaigre de vin blanc.

3. Faites cuire les petits pois à l'eau bouillante, à la vapeur ou au micro-ondes. Égouttez-les, rincez-les sous l'eau froide puis égouttez-les de nouveau.

4. Dans un grand saladier, mélangez ensemble les tranches d'agneau, les petits pois, la sauce au vinaigre et les ingrédients restants.

Sauce au vinaigre de vin blanc Versez les ingrédients dans un shaker pour sauce à salade. Fermez puis secouez énergiquement.

Par portion *480 kcal ; 31,1 g de lipides (dont 12 g de graisses saturées) ; 5,1 g de glucides ; 43,2 g de protéines ; 5 g de fibres*

Salade de betteraves et agneau au miel

Pour 4 personnes

Préparation et cuisson 40 minutes + réfrigération

800 g de filet d'agneau
1 c. à s. de miel
1 c. à s. de vinaigre balsamique
1 gousse d'ail écrasée
500 g de petites betteraves avec les feuilles
2 c. à c. d'huile d'olive
1 concombre libanais (130 g), épépiné et émincé
200 g de ricotta émiettée

Sauce au miel et au vinaigre balsamique
60 ml d'huile d'olive
2 c. à s. de vinaigre balsamique
1 c. à s. de miel
1 c. à c. de moutarde de Dijon

1. Dans un saladier, mélangez l'agneau avec le miel, le vinaigre et l'ail. Couvrez et placez au réfrigérateur 3 heures au moins.

2. Préchauffez le four à 220 °C (200 °C pour un four à chaleur tournante).

3. Triez les feuilles des betteraves. Gardez celles qui ne sont pas abîmées. Pelez les betteraves et coupez-les en quartiers. Posez-les sur une plaque de cuisson et arrosez-les d'huile. Faites-les rôtir 30 minutes sans les couvrir.

4. Pendant ce temps, faites cuire l'agneau dans une grande poêle huilée bien chaude. Quand la viande est cuite à votre goût, couvrez la poêle et laissez reposer 5 minutes. Coupez la viande en tranches fines.

5. Préparez la sauce au miel et au vinaigre balsamique.

6. Dans un grand saladier, mélangez l'agneau avec les quartiers et les feuilles de betteraves, le concombre et la sauce. Parsemez de ricotta.

Sauce au miel et au vinaigre balsamique Mélangez tous les ingrédients dans un bol.

Par portion *533 kcal ; 28,9 g de lipides (dont 9,1 g de graisses saturées) ; 19,2 g de glucides ; 47,9 g de protéines, 2,8 g de fibres*

Agneau grillé et mesclun aux échalotes

Pour 4 personnes

Préparation et cuisson 25 minutes

150 g de pois mange-tout parés
600 g de filet d'agneau
8 grosses échalotes (200 g) pelées et coupées en quatre
60 g de mesclun

Vinaigrette à la menthe
40 g de feuilles de menthe fraîche
2 gousses d'ail coupées en quatre
60 ml d'huile d'olive
2 c. à s. de vinaigre de vin blanc
2 c. à c. de sucre en poudre

1. Faites cuire les pois mange-tout à l'eau bouillante, à la vapeur ou au micro-ondes. Égouttez-les.

2. Pendant ce temps, faites cuire l'agneau et les échalotes dans une poêle-gril huilée bien chaude. Quand la viande est cuite à votre goût et que les échalotes sont tendres, arrêtez la cuisson, couvrez la poêle et laissez reposer 5 minutes. Coupez la viande en tranches fines.

3. Préparez la vinaigrette à la menthe.

4. Dans un grand saladier, mélangez ensemble les pois mange-tout, l'agneau, les échalotes, la sauce à la menthe et le mesclun.

Vinaigrette à la menthe Dans un robot, réduisez la menthe et l'ail en purée. Sans couper le moteur, versez l'huile en filet. Continuez de mixer jusqu'à obtention d'un mélange lisse. Incorporez le vinaigre et le sucre.

Par portion *336 kcal ; 19,4 g de lipides (dont 4,4 g de graisses saturées) ; 6,2 g de glucides ; 33,2 g de protéines ; 2,7 g de fibres*

¡Que
mejores

Plats complets porc

Salade au lard et aux poires nashi

Pour 6 personnes

Préparation et cuisson 1 heure 30 + réfrigération

1 kg de poitrine de porc avec la couenne
2 c. à c. de sel de mer
750 g de choy sum paré et émincé
2 poires nashi moyennes (400 g), taillées en allumettes
2 ciboules émincées
1 long piment rouge frais, taillé en allumettes

Sauce aux prunes et au cinq-épices

60 ml d'huile végétale
2 c. à s. de vinaigre de riz
1 c. à s. de sauce aux prunes
½ c. à c. de cinq-épices en poudre

1. Entaillez la couenne du lard tous les 1 cm. Saupoudrez de sel. Posez la poitrine de porc sur une grille, côté couenne vers le haut, au-dessus d'un grand plat à gratin. Posez une feuille de papier d'aluminium sur le plat et placez-le au réfrigérateur jusqu'au lendemain.

2. Préchauffez le four à 220 °C (200 °C pour un four à chaleur tournante).

3. Faites rôtir le porc 45 minutes sans couvrir. Réduisez la température du four à 180 °C (160 °C pour un four à chaleur tournante). Poursuivez la cuisson 30 minutes jusqu'à ce que la couenne soit bien croustillante et la viande cuite à votre goût. Laissez reposer 5 minutes avant de couper la viande en morceaux.

4. Pendant ce temps, préparez la sauce aux prunes et au cinq-épices.

5. Dans un grand saladier, mélangez ensemble le choy sum, les poires nashi, les ciboules, le piment et la moitié de la sauce.

6. Répartissez ce mélange sur les assiettes. Ajoutez le porc et le reste de sauce aux prunes-cinq-épices.

Sauce aux prunes et au cinq-épices Versez les ingrédients dans un shaker pour sauce à salade. Fermez puis secouez énergiquement.

Par portion *589 kcal ; 46,7 g de lipides (dont 13,8 g de graisses saturées) ; 9,8 g de glucides ; 31,8 g de protéines ; 2,9 g de fibres*

Note *Le fait de frotter le porc avec du sel et de le laisser reposer jusqu'au lendemain permet d'extraire l'humidité de la couenne et donc de l'assécher pour qu'elle grille parfaitement. Demandez à votre boucher d'entailler la couenne car il est mieux équipé que vous pour faire ce travail.*
Le cinq-épices et un mélange d'épices largement utilisé dans la cuisine asiatique. Sa composition varie d'un pays à l'autre mais en général, il s'agit de cannelle, de clous de girofle, d'anis étoilé, de poivre du Sichuan et de graines de fenouil.

Salade de chorizo aux artichauts et aux poivrons rouges

Pour 4 personnes

Préparation et cuisson 25 minutes

2 gros poivrons rouges (700 g)
2 chorizos coupés en tranches (340 g)
280 g de cœurs d'artichauts en boîte, égouttés et coupés en deux
200 g de petites tomates cerises rouges, coupées en deux
80 g de feuilles de chicorée frisée
20 g de feuilles de persil plat frais

Vinaigrette aux fines herbes et à l'ail
2 c. à s. d'huile d'olive
2 c. à s. de vinaigre de vin blanc
1 c. à s. de jus de citron
1 c. à s. de basilic frais ciselé
1 c. à s. d'origan frais ciselé
2 gousses d'ail hachées finement

1. Coupez les poivrons en quatre. Épépinez-les et ôtez les membranes. Faites-les griller sous le gril du four, côté peau vers le haut, jusqu'à ce que la peau se boursoufle et noircisse. Mettez-les dans un sachet en plastique ou en papier. Au bout de 5 minutes, pelez-les et coupez chaque morceau en deux.

2. Pendant ce temps, faites cuire les chorizos dans une grande poêle, en les tournant de temps en temps. Égouttez-les sur du papier absorbant.

3. Préparez la vinaigrette aux fines herbes et à l'ail.

4. Dans un grand saladier, mélangez les poivrons avec les rondelles de chorizo, la vinaigrette et les ingrédients restants.

Vinaigrette aux fines herbes et à l'ail Mélangez tous les ingrédients dans un bol.

Par portion *451 kcal ; 36 g de lipides (dont 10,8 g de graisses saturées) ; 16,4 g de glucides ; 20,5 g de protéines ; 3,9 g de fibres*

Porc aux pommes caramélisées

Pour 4 personnes

Préparation et cuisson 30 minutes

600 g de filet de porc
2 c. à s. de sucre roux
2 c. à c. de moutarde à l'ancienne
2 c. à c. de zeste d'orange râpé finement
1 c. à s. d'huile d'olive
10 g de beurre
1 pomme verte moyenne (150 g), non pelée, coupée en deux puis en tranches de 5 mm d'épaisseur
60 g de pousses d'épinards

Vinaigrette épicée à l'orange
60 ml d'huile d'olive
2 c. à s. de jus d'orange
1 c. à s. de vinaigre de cidre
1 c. à c. de quatre-épices

1. Mélangez le porc avec le sucre, la moutarde et le zeste d'orange.

2. Faites chauffer l'huile d'olive dans une poêle. Faites-y cuire le porc. Quand la viande est cuite à votre goût, arrêtez la cuisson, couvrez la poêle et laissez reposer 5 minutes. Coupez le porc en tranches fines.

3. Faites fondre le beurre dans la même poêle. Faites-y cuire les tranches de pomme jusqu'à ce qu'elles soient caramélisées.

4. Pendant ce temps, préparez la vinaigrette.

5. Dans un saladier, mélangez les tranches de pomme avec la vinaigrette et les épinards. Répartissez le porc sur les assiettes. Ajoutez la salade. S'il reste de la vinaigrette, versez-la sur le tout.

Vinaigrette épicée à l'orange Versez les ingrédients dans un shaker pour sauce à salade. Fermez puis secouez énergiquement.

Par portion *392 kcal ; 23,8 g de lipides (dont 5,1 g de graisses saturées) ; 10,6 g de glucides ; 33,5 g de protéines ; 1,1 g de fibres*

Plats complets légumes secs et graines

Salade de pois chiches, butternut et feta

Pour 4 personnes

Préparation et cuisson 40 minutes

800 g de courge butternut coupée en dés de 1 cm
1 c. à s. d'huile d'olive
2 gousses d'ail émincées
800 g de pois chiches en boîte, rincés et égouttés
200 g de feta émiettée
40 g de feuilles de coriandre fraîche
65 g de graines de courge grillées

Vinaigrette aux piments rôtis
4 longs piments rouges frais, coupés en deux dans le sens de la longueur
2 c. à s. de vinaigre de riz
2 c. à s. de jus de citron vert
1 c. à s. d'huile d'olive

1. Préchauffez le four à 200 °C (180 °C pour un four à chaleur tournante).

2. Mélangez les dés de courge butternut, l'huile d'olive et l'ail dans un grand plat à gratin. Faites rôtir 30 minutes sans couvrir, en remuant de temps en temps.

3. Pendant ce temps, préparez la vinaigrette aux piments rôtis.

4. Dans un grand saladier, mélangez ensemble la courge butternut, la vinaigrette et les ingrédients restants.

Vinaigrette aux piments rôtis Faites cuire les piments au four, côté peau vers le haut, jusqu'à ce que la peau noircisse. Couvrez et laissez reposer 5 minutes. Pelez les piments puis hachez-les finement. Versez les piments et le reste des ingrédients dans un shaker pour sauce à salade. Fermez puis secouez énergiquement.

Par portion *525 kcal ; 31,7 g de lipides (dont 11,2 g de graisses saturées) ; 32,3 g de glucides ; 25,2 g de protéines ; 9,5 g de fibres*

Salade de thon aux haricots et au haloumi

Pour 4 personnes

Préparation et cuisson 30 minutes

500 g d'épinards nettoyés
250 g d'haloumi coupé en tranches de 1 cm
840 g de mélange de haricots rouges et blancs en boîte, rincés et égouttés
425 g de thon à l'huile, égoutté et émietté
250 g de petites tomates cerises jaunes, coupées en deux

Sauce crémeuse au citron
140 g de yaourt grec
½ c. à c. de zeste de citron râpé finement
1 c. à c. de moutarde de Dijon
60 ml de jus de citron

1. Faites cuire les épinards à l'eau bouillante, à la vapeur ou au micro-ondes. Égouttez-les puis hachez-les grossièrement.

2. Pendant ce temps, préparez la sauce crémeuse au citron.

3. Faites cuire l'haloumi dans une grande poêle huilée bien chaude jusqu'à ce qu'il soit légèrement doré.

4. Dans un grand saladier, mélangez les épinards avec les haricots, le thon et les tomates cerises. Répartissez cette salade dans 4 bols. Ajoutez l'haloumi et arrosez de sauce crémeuse au citron. Servez éventuellement avec des quartiers de citron.

Sauce crémeuse au citron Mélangez tous les ingrédients dans un bol.

Par portion *545 kcal ; 25,8 g de lipides (dont 10,5 g de graisses saturées) ; 25,6 g de glucides ; 47,1 g de protéines ; 11,4 g de fibres*

Lentilles brunes à la courgette et au chorizo

Pour 4 personnes

Préparation et cuisson 30 minutes

2 chorizos coupés en tranches fines (340 g)
1 grosse courgette (150 g) taillée en rubans minces
800 g de lentilles brunes en boîte, rincées et égouttées
250 g de petites tomates cerises rouges, coupées en deux
40 g de feuilles de persil plat frais

Assaisonnement cajun
60 ml d'huile d'olive
1 c. à s. de vinaigre de vin rouge
2 c. à s. de mélange d'épices cajun

1. Faites cuire les rondelles de chorizo et les rubans de courgette dans une poêle-gril huilée bien chaude jusqu'à ce que la viande soit cuite et que la courgette soit fondante.

2. Pendant ce temps, préparez l'assaisonnement cajun.

3. Dans un grand saladier, mélangez les rondelles de chorizo, les rubans de courgette, l'assaisonnement cajun et les ingrédients restants.

Assaisonnement cajun Versez les ingrédients dans un shaker pour sauce à salade. Fermez puis secouez énergiquement.

Par portion *517 kcal ; 39,8 g de lipides (dont 11,2 g de graisses saturées) ; 13,9 g de glucides ; 24,1 g de protéines ; 6,2 g de fibres*

Salade de tomates à l'avocat et bouchées aux lentilles rouges

Pour 4 personnes

Préparation et cuisson 20 minutes + refroidissement et réfrigération

200 g de lentilles rouges
40 g de boulgour
125 ml d'eau bouillante
1 petit oignon (80 g) haché grossièrement
2 gousses d'ail coupées en quatre
100 g de farine ordinaire
1 œuf
100 g de chapelure prête à l'emploi
2 c. à s. d'huile d'olive
40 g de feuilles de persil plat frais
3 tomates moyennes (450 g), coupées en quartiers
1 petit concombre libanais (130 g), haché grossièrement
1 avocat moyen (250 g), coupé en gros morceaux
1 petit poivron vert (150 g), émincé

Sauce au yaourt
280 g de yaourt
2 c. à c. de zeste de citron râpé finement
2 c. à s. de jus de citron

1. Faites cuire les lentilles dans une casserole d'eau bouillante. Égouttez-les et laissez-les refroidir.

2. Pendant ce temps, versez le boulgour dans un petit bol résistant à la chaleur. Recouvrez-le d'eau bouillante. Laissez reposer 10 minutes.

3. Dans un robot, réduisez en purée lisse les lentilles, l'oignon et l'ail. Versez ce mélange dans un saladier. Ajoutez le boulgour, la farine, l'œuf et la chapelure. Faites prendre 1 heure au réfrigérateur.

4. Pendant ce temps, préparez la sauce au yaourt.

5. Façonnez 20 petites boulettes. Faites chauffer l'huile d'olive dans une grande poêle puis faites-y dorer les petites boulettes. Égouttez-les sur du papier absorbant.

6. Dans un grand saladier, mélangez les bouchées aux lentilles avec les ingrédients restants. Arrosez de sauce au yaourt.

Sauce au yaourt Mélangez tous les ingrédients dans un bol.

Par portion *640 kcal ; 25,3 g de lipides (dont 5,8 g de graisses saturées) ; 68 g de glucides ; 27,6 g de protéines ; 14,4 g de fibres*

Salade de haricots et sauce crémeuse au basilic

Pour 4 personnes

Préparation 15 minutes

400 g de haricots de Lima en boîte, rincés et égouttés
400 g de haricots borlotti en boîte, rincés et égouttés
250 g de tomates cerises, coupées en quatre
12 bocconcinis coupées en deux (180 g)
60 g de petites feuilles de roquette
80 g de pignons de pin grillés

Sauce crémeuse au basilic
2 c. à s. d'huile d'olive
2 c. à s. de vinaigre de vin blanc
2 c. à c. de vinaigre balsamique blanc
2 c. à s. de feuilles de basilic frais, hachées grossièrement
60 ml de crème fraîche

1. Préparez la sauce crémeuse au basilic.

2. Dans un grand saladier, mélangez les ingrédients de la salade avec la sauce crémeuse au basilic.

Sauce crémeuse au basilic Mélangez l'huile d'olive, les deux vinaigres et le basilic dans un bol. Ajoutez la crème fraîche et fouettez jusqu'à obtention d'un mélange homogène.

Par portion *465 kcal ; 37,1 g de lipides (dont 11 g de graisses saturées) ; 13 g de glucides ; 17,1 g de protéines ; 7,7 g de fibres*

Salade à la polenta, aux poivrons et aux noix

Pour 4 personnes

Préparation et cuisson 25 minutes + réfrigération

1 litre d'eau
170 g de polenta
40 g de parmesan râpé grossièrement
60 g de gruyère râpé grossièrement
1 c. à s. d'huile d'olive
80 g de pousses d'épinards
1 gros poivron rouge (350 g), émincé
1 petit oignon rouge (100 g), émincé

Vinaigrette aux noix
60 ml d'huile de noix
2 c. à s. de vinaigre de vin blanc
1 gousse d'ail écrasée
35 g de noix grillées, hachées grossièrement
10 g de persil plat frais, haché grossièrement

1. Huilez un moule de 19 x 29 cm.

2. Versez l'eau dans une casserole et portez à ébullition. Versez la polenta en pluie, en fouettant sans cesse. Réduisez le feu et laissez mijoter 10 minutes, sans cesser de fouetter, jusqu'à ce que la polenta épaississe. Incorporez le parmesan et le gruyère. Étalez la polenta dans le moule huilé et faites prendre 1 heure au réfrigérateur.

3. Pendant ce temps, préparez la vinaigrette aux noix.

4. Démoulez la polenta sur une planche en bois. Coupez-la en dés de 1 cm. Faites chauffer l'huile dans une grande poêle. Faites-y dorer les dés de polenta.

5. Dans un grand saladier, mélangez les dés de polenta avec la vinaigrette aux noix et les ingrédients restants.

Vinaigrette aux noix Versez les ingrédients dans un shaker pour sauce à salade. Fermez puis secouez énergiquement.

Par portion *438 kcal ; 25 g de lipides (dont 7,1 g de graisses saturées) ; 35 g de glucides ; 16,4 g de protéines ; 4,6 g de fibres*

Plats complets fromage et œufs

Bocconcinis frits et pesto aux tomates séchées

Pour 4 personnes

Préparation et cuisson 45 minutes

270 g de tomates séchées marinées dans l'huile
20 g de parmesan râpé grossièrement
1 c. à s. de pignons de pin grillés
1 long piment rouge frais, haché grossièrement
2 c. à s. de jus de citron
80 ml de crème fraîche
630 g de bocconcinis égouttés
150 g de farine ordinaire
2 œufs battus légèrement
100 g de chapelure prête à l'emploi
huile végétale pour la friture
4 endives bien blanches (500 g), parées
10 g de mizuna

1. Égouttez les tomates au-dessus d'un bol. Réservez 125 ml d'huile. Hachez grossièrement la moitié des tomates. Taillez l'autre moitié en fines languettes.

2. Versez les tomates hachées dans un robot avec le parmesan, les pignons, le piment et le jus de citron. Mixez. Sans couper le moteur, versez les 125 ml d'huile en filet et continuez de mixer jusqu'à obtention d'une pâte lisse. Versez le pesto dans un petit pot. Incorporez la crème fraîche.

3. Tournez les bocconcinis dans la farine. Éliminez l'excédent. Tournez-les ensuite dans les œufs battus puis dans la chapelure.

4. Faites chauffer l'huile dans une casserole à bord haut. Faites-y frire les boulettes de fromage en plusieurs fois. Égouttez-les sur du papier absorbant.

5. Répartissez les feuilles d'endives sur les assiettes. Déposez les bocconcinis frits sur les endives. Parsemez de languettes de tomates et de feuilles de mizuna. Arrosez de pesto.

Par portion *925 kcal ; 52,5 g de lipides (dont 25,1 g de graisses saturées) ; 60,7 g de glucides ; 47 g de protéines ; 11,5 g de fibres*

Œufs pochés et salade d'asperges aux noix

Pour 4 personnes

Préparation et cuisson 20 minutes

500 g d'asperges vertes, parées et coupées en deux
55 g de noix grillées, hachées grossièrement
40 g de parmesan râpé grossièrement
250 g de tomates poires jaunes coupées en deux
8 œufs
1 petite baguette de pain (150 g) coupée en tranches fines

Sauce au citron vert, à l'ail et à l'aneth

60 ml d'huile d'olive
2 c. à c. de zeste de citron vert, râpé finement
1 c. à s. de jus de citron vert
1 gousse d'ail écrasée
2 c. à c. d'aneth frais ciselé

1. Préparez la sauce au citron vert, à l'ail et à l'aneth.

2. Faites cuire les asperges à l'eau bouillante, à la vapeur ou au micro-ondes, puis égouttez-les. Dans un saladier, mélangez les asperges avec les noix, le parmesan, les tomates et la sauce au citron vert, à l'ail et à l'aneth. Répartissez ce mélange sur les assiettes.

3. Pochez les œufs et faites griller les tranches de pain.

4. Déposez 2 œufs sur chaque assiette. Servez avec le pain grillé.

Sauce au citron vert, à l'ail et à l'aneth
Versez les ingrédients dans un shaker pour sauce à salade. Fermez puis secouez énergiquement.

Par portion *546 kcal ; 38,5 g de lipides (dont 8 g de graisses saturées) ; 23,4 g de glucides ; 25,1 g de protéines ; 4,8 g de fibres*

Légumes-racines rôtis au citron et à la feta

Pour 4 personnes

Préparation et cuisson 50 minutes

500 g de petites pommes de terre nouvelles non pelées, coupées en deux
500 g de courge butternut coupée en gros morceaux
4 petites betteraves (400 g) pelées
1 panais moyen (250 g) coupé en quatre
400 g de petites carottes grattées
1 citron moyen (140 g), coupé en tranches fines
2 c. à s. d'huile d'olive
30 g de beurre coupé en petits cubes
2 c. à s. de feuilles d'origan frais
2 c. à s. de jus de citron
1 c. à s. de moutarde à l'ancienne
100 g de petites feuilles de roquette
100 g de feta émiettée

1. Préchauffez le four à 200 °C (180 °C pour un four à chaleur tournante).

2. Mélangez les pommes de terre, la courge butternut, les betteraves, le panais, les carottes, le citron, l'huile d'olive, le beurre et la moitié de l'origan dans un grand plat à gratin. Faites rôtir environ 40 minutes sans couvrir, en remuant de temps en temps.

3. Pendant ce temps, versez le jus de citron et la moutarde dans un shaker pour sauce à salade. Fermez puis secouez énergiquement.

4. Dans un grand saladier, mélangez les légumes rôtis avec la sauce à la moutarde. Ajoutez les feuilles de roquette. Parsemez de feta et d'origan restant.

Par portion *450 kcal ; 22,2 g de lipides (dont 9,5 g de graisses saturées) ; 42,6 g de glucides ; 14 g de protéines ; 12,2 g de fibres*

Salade de potiron à la ricotta, aux betteraves et aux noix de pécan

Pour 4 personnes

Préparation et cuisson 45 minutes

4 mini betteraves (100 g) avec les feuilles
800 g de potiron non pelé, coupé en 8 quartiers
2 c. à s. d'huile d'olive
40 g de mesclun
120 g de noix de pécan grillées, hachées grossièrement
200 g de ricotta émiettée

Vinaigrette citronnée

1 c. à s. de vinaigre de cidre
1 c. à s. de jus de citron
1 c. à c. de zeste de citron finement râpé
2 c. à s. d'huile d'olive

1. Préchauffez le four à 200 °C (180 °C pour un four à chaleur tournante).

2. Triez les feuilles de betteraves. Gardez celles qui ne sont pas abîmées. Pelez les betteraves et coupez-les en deux.

3. Mélangez les betteraves, les quartiers de potiron et l'huile d'olive dans un grand plat à gratin. Faites rôtir 40 minutes sans couvrir, en remuant de temps en temps.

4. Pendant ce temps, préparez la vinaigrette citronnée.

5. Dans un grand saladier, mélangez ensemble les légumes rôtis, les feuilles de betteraves, le mesclun, les noix de pécan et la ricotta. Arrosez de vinaigrette citronnée.

Vinaigrette citronnée Versez les ingrédients dans un shaker pour sauce à salade. Fermez puis secouez énergiquement.

Par portion *451 kcal ; 37,5 g de lipides (dont 6,8 g de graisses saturées) ; 14,7 g de glucides ; 12,2 g de protéines ; 3,4 g de fibres*

Salade aux œufs et aux lardons

Pour 4 personnes

Préparation et cuisson 25 minutes

1 patate douce moyenne (400 g) coupée en dés de 2 cm
huile de cuisson en spray
4 tranches de poitrine de porc (260 g) sans la couenne
6 œufs durs coupés en quatre
1 branche de céleri (150 g) parée et émincée
80 g de mesclun

Mayonnaise au miel et à la moutarde
140 g de mayonnaise
60 ml de vinaigre de cidre
1 c. à s. de miel
2 c. à c. de moutarde à l'ancienne

1. Préchauffez le four à 220 °C (200 °C pour un four à chaleur tournante).

2. Étalez les dés de patate douce sur une plaque de cuisson. Vaporisez-les d'huile. Faites rôtir 20 minutes sans couvrir.

3. Pendant ce temps, faites revenir les tranches de poitrine dans une grande poêle bien chaude. Posez-les sur du papier absorbant. Coupez les tranches en gros morceaux.

4. Préparez la mayonnaise au miel et à la moutarde.

5. Dans un grand saladier, mélangez ensemble les dés de patate douce, les tranches de poitrine, la mayonnaise et les ingrédients restants.

Mayonnaise au miel et à la moutarde
Mélangez tous les ingrédients dans un bol.

Par portion *470 kcal ; 29,2 g de lipides (dont 6,9 g de graisses saturées) ; 25,9 g de glucides ; 25 g de protéines ; 2,6 g de fibres*

Salade de chèvre chaud aux noix

Pour 4 personnes

Préparation et cuisson 20 minutes

1 petite baguette de pain (150 g) coupée en tranches
2 c. à s. d'huile d'olive
50 g de noix grillées, hachées grossièrement
15 g de persil plat frais, haché grossièrement
1 gousse d'ail hachée finement
2 c. à s. d'huile de noix
1 c. à s. de vinaigre de vin blanc
1 petite bûche de fromage de chèvre (300 g) avec la croûte, coupée en 4 tranches
80 g de mesclun

1. Badigeonnez le pain d'huile d'olive. Faites griller le pain des deux côtés dans une poêle-gril huilée bien chaude.

2. Pendant ce temps, mélangez les noix, le persil, l'ail, l'huile de noix et le vinaigre dans un bol.

3. Préchauffez le gril du four. Posez les tranches de chèvre sur une plaque de cuisson. Faites-les dorer légèrement.

4. Répartissez le mesclun sur les assiettes. Ajoutez le fromage et la préparation aux noix. Servez avec le pain.

Par portion *467 kcal ; 34,4 g de lipides (dont 10,2 g de graisses saturées) ; 21,8 g de glucides ; 16,6 g de protéines ; 3,5 g de fibres*

Assaisonnements

Sauce « thousand island »

Pour 250 ml

Préparation 10 minutes

150 g de mayonnaise
1 ½ c. à s. de concentré de tomates
½ petit oignon blanc (40 g), haché finement
8 olives vertes farcies au piment, hachées finement
½ petit poivron rouge (75 g), haché finement

1. Mélangez tous les ingrédients dans un bol.

Par cuillerée à soupe *54 kcal ; 4,3 g de lipides (dont 0,5 g de graisses saturées) ; 3,6 g de glucides ; 0,3 g de protéines ; 0,4 g de fibres*

Sauce au piment doux

Pour 160 ml

Préparation 5 minutes

2 c. à s. de nuoc-mâm
2 c. à s. de sauce pimentée douce
80 ml de jus de citron vert
1 long piment rouge frais, haché finement
1 c. à s. de sucre de palme râpé

1. Versez les ingrédients dans un shaker pour sauce à salade. Fermez puis secouez énergiquement.

Par cuillerée à soupe *17 kcal ; 0,1 g de lipides (dont 0 g de graisses saturées) ; 3 g de glucides ; 0,6 g de protéines, 0,3 g de fibres*

Sauce crémeuse à l'origan et aux câpres

Pour 250 ml

Préparation 10 minutes

2 œufs durs coupés en quatre
1 c. à s. de câpres rincées et égouttées
2 c. à s. de vinaigre de vin blanc
2 c. à s. d'origan frais, haché grossièrement
1 gousse d'ail coupée en quatre
80 ml d'huile d'olive

1. Dans un robot, hachez les œufs, les câpres, le vinaigre, l'origan et l'ail jusqu'à obtention d'une pâte lisse. Sans couper le moteur, versez l'huile d'olive en filet. Continuez de mixer jusqu'à épaississement.

Par cuillerée à soupe *67 kcal ; 7 g de lipides (dont 1,1 g de graisses saturées) ; 0,2 g de glucides ; 1,1 g de protéines ; 0,1 g de fibres*

Vinaigrette au romarin

Pour 80 ml

Préparation 10 minutes

2 c. à s. d'huile d'olive
1 c. à s. de vinaigre balsamique
1 c. à s. de jus de citron
1 c. à s. de romarin frais, haché grossièrement

1. Versez les ingrédients dans un shaker pour sauce à salade. Fermez puis secouez énergiquement.

Par cuillerée à soupe *81 kcal ; 9,1 g de lipides (dont 1,3 g de graisses saturées) ; 0,1 g de glucides ; 0 g de protéines ; 0 g de fibres*

Mayonnaise

Pour 250 ml

Préparation 15 minutes

2 jaunes d'œufs
½ c. à c. de sel
1 c. à c. de moutarde de Dijon
160 ml d'huile d'olive extra légère
80 ml d'huile d'olive
1 c. à s. de vinaigre de vin blanc
1 c. à s. de jus de citron

1. Dans un saladier, mélangez les jaunes d'œufs avec le sel et la moutarde. Ajoutez progressivement l'huile, en fouettant constamment jusqu'à ce que la préparation épaississe. Incorporez le vinaigre et le jus de citron.

Par cuillerée à soupe *172 kcal ; 19,2 g de lipides (dont 2,9 g de graisses saturées) ; 0 g de glucides ; 0,5 g de protéines ; 0 g de fibres*

Sauce « ranch »

Pour 250 ml

Préparation 10 minutes

150 g de mayonnaise
60 ml de crème aigre
1 c. à s. de vinaigre de vin blanc
1 petit oignon (80 g) haché finement
1 gousse d'ail écrasée
1 c. à s. de ciboulette ciselée
1 c. à s. de persil plat frais, ciselé
¼ de c. à c. de paprika doux

1. Fouettez tous les ingrédients dans un bol jusqu'à obtention d'un mélange homogène.

Par portion *52 kcal ; 4,2 g de lipides (dont 0,5 g de graisses saturées) ; 3,2 g de glucides ; 0,5 g de protéines ; 0,2 g de fibres*

Sauce au citron et aux noix de macadamia

Pour 250 ml

Préparation 10 minutes

125 ml d'huile de noix de macadamia
45 g de noix de macadamia non salées, grillées et hachées finement
2 c. à c. de zeste de citron râpé finement
2 c. à s. de jus de citron
1 c. à c. de sucre en poudre

1. Fouettez tous les ingrédients dans un bol jusqu'à obtention d'un mélange homogène.

Par cuillerée à soupe *114 kcal ; 12,4 g de lipides (dont 1,8 g de graisses saturées) ; 0,6 g de glucides ; 0,3 g de protéines ; 0,2 g de fibres*

Sauce aux agrumes et aux graines de pavot

Pour 250 ml

Préparation 10 minutes

2 c. à c. de zeste d'orange râpé finement
60 ml de jus d'orange
2 c. à s. de vinaigre de cidre
1 c. à s. de graines de pavot
80 g de crème aigre
2 c. à c. de moutarde parfumée au miel
60 ml d'eau

1. Fouettez le zeste et le jus d'orange, le vinaigre, les graines de pavot, la crème aigre et la moutarde dans un bol. Ajoutez l'eau et lissez le mélange.

Par cuillerée à soupe *32 kcal ; 3,1 g de lipides (dont 1,8 g de graisses saturées) ; 0,7 g de glucides ; 0,4 g de protéines ; 0,2 g de fibres*

Glossaire

ANIS ÉTOILÉ appelé aussi « badiane », l'anis étoilé est le fruit en forme d'étoile d'un arbre de la famille du magnolia. Sa saveur rappelle celle de l'anis et de la réglisse. Originaire de Chine.

AUBERGINE légume à la peau pourpre. Il en existe des minuscules qu'il n'est pas nécessaire de faire dégorger (leur faire rendre l'eau en les salant).

BASILIC THAÏ cousin asiatique de la variété européenne, le basilic thaï se distingue de cette dernière par son goût légèrement anisé, ses petites feuilles vert foncé, ses tiges et ses fleurs rouges.

BÉTEL plante dont les feuilles sont largement utilisées dans la cuisine asiatique. Vous en trouverez dans les épiceries asiatiques.

BETTERAVE rave rouge, ronde et ferme. On peut la consommer crue, bouillie ou rôtie.

BOULGOUR sous-produit du blé dur. Le blé est d'abord débarrassé du son puis précuit à la vapeur, séché et enfin concassé. On en trouve de différentes moutures. Largement utilisé dans la cuisine du Moyen-Orient, on le retrouve dans le falafel, le kibbé ou le taboulé. On le trouve dans la plupart des supermarchés et dans les boutiques bio.

CANARD À LA PÉKINOISE grand classique de la gastronomie chinoise, le « canard Beijing » est cuit dans un four spécial. Pendant sa cuisson, il est enduit d'un mélange sirupeux à base de sauce soja, de xérès, de gingembre, de cinq-épices, d'anis étoilé et de sauce hoisin. On le trouve dans les épiceries chinoises et asiatiques.

CANNEBERGES baies comestibles, au goût acidulé, très prisées dans les régions froides. Vous les trouverez sous forme séchée, ainsi que la sauce aux canneberges, dans les épiceries anglo-saxonnes. Les baies séchées sont enrichies en sucre.

CARVI plante aromatique voisine du cumin, de saveur anisée très prononcée. Vendue en graines ou en poudre.

CÉLERI-RAVE racine charnue, bosselée, à la peau brune et à la chair blanche. Conservez un céleri-rave pelé dans de l'eau citronnée pour éviter que la chair ne noircisse.

CHAMPIGNON À FARCIR gros champignon plat, très savoureux. On peut facilement le farcir et même le cuire sur un gril.

CHAPELURE
industrielle mie de pain séchée et réduite en poudre, prête à l'emploi.
maison pain rassis, haché finement.

CHICORÉE FRISÉE plante potagère aux feuilles très minces et dentelées.

CHOU CHINOIS appelé aussi « chou de Pékin », le chou chinois se caractérise par sa forme allongée, sa couleur vert pâle et ses feuilles gaufrées. C'est le chou le plus largement utilisé dans la cuisine d'Asie du Sud-Est.

CHOY SUM membre de la famille du bok choy, ce « chou chinois fleuri » se reconnaît à ses petites fleurs jaunes, à ses longues tiges et à ses feuilles vert tendre. On consomme aussi bien ses tiges que ses feuilles.

CIABATTA en italien, « ciabatta » signifie « pantoufle », en référence à sa forme. Il s'agit d'un pain au levain très populaire en Italie, à la mie blanche aérée et à la croûte croustillante.

CIBOULE appelée aussi « oignon vert », la ciboule est cueillie avant la formation du bulbe. Elle possède une longue tige vert foncé que l'on consomme.

CINQ-ÉPICES préparation chinoise composée de cannelle, de poivre du Sichuan, d'anis étoilé, de clous de girofle et de fenouil. On le trouve dans les épiceries asiatiques et dans la plupart des supermarchés.

CITRONNELLE plante aromatique à la saveur et au parfum citronnés, appelée aussi « citronnelle asiatique ». Indissociable de la gastronomie thaïlandaise. Ôtez les feuilles externes dures et coupez la partie tendre en lamelles.

CITRONS CONFITS spécialité d'Afrique du Nord, ce condiment se prépare en faisant mariner des citrons entiers dans un mélange de sel et de jus de citron ou d'eau. Pour cuisiner ces citrons, retirez la pulpe puis pressez la peau pour en extraire le jus. Rincez ensuite abondamment l'écorce puis émincez-la. Vous trouverez des citrons confits dans les épiceries fines. Quand le bocal est entamé, conservez-le au réfrigérateur. Les citrons confits apportent une petite note acidulée savoureuse dans un plat.

CONCOMBRE légume allongé à la peau verte et fine. Le concombre libanais est deux fois plus petit que l'anglais. Il est aussi plus sucré et plus parfumé avec une peau fine comestible et des graines minuscules et molles.

CORIANDRE plante aromatique orientale, à la saveur piquante. Les Thaïlandais consomment aussi ses tiges et ses racines. Lavez-la soigneusement avant utilisation. On trouve aussi des graines de coriandre dont le goût diffère très fort de celui des feuilles fraîches.

CRÈME aigre crème épaisse au goût légèrement acide contenant au moins 35 % de matières grasses.

CRÈME DE COCO crème obtenue après le premier pressage de la noix de coco, sans adjonction d'eau. Le second pressage donne le « lait de coco », moins riche que la crème. Vendue en grande surface.

CRÈME FRAÎCHE crème résultant de l'écrémage du lait entier, la crème fraîche se caractérise par son léger goût de noisette. Elle peut bouillir sans tourner. On l'utilise aussi bien dans les plats salés que sucrés.

CRESSON DE FONTAINE verdure à feuilles rondes et croquantes, au goût légèrement amer et poivré. Hautement périssable et donc à consommer rapidement après achat.

CUMIN NOIR souvent confondu avec la nigelle, le cumin noir (*jeera kala*) est largement utilisé dans la cuisine indienne et marocaine. La saveur de ses graines rappelle celle du curry.

ÉCREVISSE crustacé d'eau douce en forme de petit homard. Il en existe plusieurs espèces. La plus réputée est l'écrevisse à pattes rouges. Celles à pattes blanches, l'écrevisse des torrents et l'américaine, sont également prisées. Dans les recettes, vous pouvez remplacer les écrevisses par des grosses crevettes ou des langoustines.

FENOUIL légume rond et bulbeux, d'environ 8 à 12 cm de diamètre, au parfum et au goût de réglisse. On en consomme le bulbe rond et croquant, vert pâle, légèrement anisé, mais aussi les feuilles, au goût anisé plus prononcé. On appelle aussi « fenouil », les graines séchées au parfum de réglisse, utilisées comme condiment.

FROMAGE
feta à base de lait de chèvre, de brebis ou de vache, la feta est un fromage friable, légèrement salé. Elle est mûrie et conservée dans du petit-lait.

haloumi fromage chypriote semi-ferme, de texture spongieuse, à la fois doux et très salé. Il est mûri et conservé dans du petit-lait salé. C'est un fromage qui garde sa forme même lorsqu'il est chauffé. Excellent grillé ou frit, il faut le déguster tant qu'il est chaud car, en refroidissant, il devient dur et caoutchouteux.

mozzarella fromage frais, à la saveur subtile, traditionnellement fabriqué à base de lait de bufflonne. On en trouve sous forme de petites billes, appelées « bocconcini ». La mozzarella est vendue en sachet, dans du petit-lait. Une fois le sachet ouvert, la mozzarella doit être consommée dans les 48 heures.

parmesan grand classique de la gastronomie italienne, le parmesan est un fromage de vache à pâte dure, de texture friable. Le lait caillé est saumuré pendant 1 mois avant d'être affiné, parfois jusqu'à 2 ans, de préférence dans une atmosphère humide.

ricotta fromage frais, de couleur blanche et de texture à la fois crémeuse et granuleuse, pauvre en matières grasses. « Ricotta » signifie « recuit », en référence au procédé de fabrication de ce fromage qui consiste à recuire le petit-lait d'autres fromages.

GINGEMBRE MARINÉ lamelles de gingembre conservées dans un mélange de vinaigre, de sucre et de colorants naturels. On l'utilise comme condiment. Vous le trouverez dans les épiceries asiatiques.

GRAINES DE COURGE GRILLÉES elles sont vendues nature ou salées.

GRENADE fruit d'un arbrisseau originaire d'Asie, aujourd'hui cultivé un peu partout dans le monde. Fruit rond et juteux, de la taille d'une orange, à la peau jaune pigmentée de rouge. La grenade renferme une multitude de petites graines, elles-mêmes enveloppées dans une pulpe comestible légèrement acide, d'un rouge translucide.

GRISSINI bâtonnet de pain séché, allongé, appelé aussi « gressin ». D'origine italienne. Souvent servi en antipasti.

HARICOTS
blanc c'est le plus cultivé en Europe. Il en existe plusieurs variétés. Ce sont les haricots que les Anglo-Saxons préparent à la sauce tomate.

borlotti appelé aussi « haricot marbré » ou « coco rose », le haricot borlotti est beige ou rose pâle, veiné de rouge foncé. Vendu frais ou sec.

fève on trouve des fèves en conserve, surgelées, sèches et fraîches. Après avoir écossé des fèves fraîches, il faut les ébouillanter pour éliminer la fine pellicule blanche. Les fèves surgelées sont débarrassées de leurs cosses mais pas de leur fine pellicule.

de Lima gros haricot blanc de texture onctueuse, en forme de petit rein. Saveur douce.

noir haricot de taille moyenne, de couleur noire, avec un petit « œil blanc ». De saveur douce, il est très différent du haricot noir chinois (haricot de soja fermenté). On trouve des haricots noirs chez certains marchands de fruits et légumes et dans des épiceries fines.

rouge haricot de taille moyenne, de texture légèrement farineuse. Saveur douce. Vendu sec ou en conserve.

serpent haricot vert très long (environ 40 cm) et mince, d'origine asiatique. Sa saveur rappelle celle du haricot vert classique.

HUILE
d'arachide huile à base de cacahuètes broyées. La plus utilisée dans la cuisine asiatique parce qu'on peut la chauffer très fort sans qu'elle brûle.

de noix huile extraite de noix broyées. On l'utilise couramment pour assaisonner la salade. Doit être conservée au réfrigérateur pour éviter qu'elle rancisse.

de noix de macadamia huile extraite de noix de macadamia broyées. Doit être conservée au réfrigérateur pour éviter qu'elle rancisse.

d'olive huile obtenue à partir d'olives mûres. Les huiles d'olives vierges et vierges extra sont les meilleures. Les « légères » ont un goût moins prononcé mais contiennent tout autant de calories.

de sésame huile à base de graines de sésame blanches, rôties et pilées. Plus pour parfumer que pour cuisiner.

végétale huile à base de plantes et non de graisses animales.

KAFFIR arbre dont les fruits et les feuilles sont très utilisés en Asie. Les feuilles sont soudées deux par deux, ce qui leur donne leur forme de sablier si caractéristique. Les feuilles sont vendues fraîches, sèches ou surgelées. Si vous utilisez des feuilles sèches,

Glossaire (suite)

doublez la quantité car elles sont moins parfumées que les fraîches. Vous pouvez remplacer les feuilles de citronnier kaffir par du zeste de citron vert dans les proportions suivantes : une lanière de zeste pour une feuille de citronnier kaffir.

KECAP MANIS voir *Sauces.*

LAVASH pain plat sans levain, d'origine méditerranéenne. On peut l'utiliser entier pour envelopper des aliments, ou le couper en morceaux pour prélever de la sauce, style guacamole.

LITCHIS fruits de l'arbre du même nom, originaire de Chine. Chair très parfumée, de texture gélatineuse, entourant un noyau dur. Peau épaisse, couleur rouille. On les trouve frais ou en boîte, conservés dans un sirop de sucre.

MÂCHE salade aux feuilles vert foncé disposées en rosettes, douce et très savoureuse.

MANGUE VERTE croquante et acide, une mangue verte est tout simplement une mangue pas mûre. Emballée dans un sachet en plastique, elle se conserve jusqu'à 2 semaines au réfrigérateur. Vous en trouverez dans les épiceries asiatiques, chez les marchands de légumes et dans certains supermarchés.

MENTHE VIETNAMIENNE contrairement à ce que son nom indique, cette plante n'appartient pas à la famille des menthes mais à celle du sarrasin. Feuilles étroites, de saveur poivrée.

MESCLUN mélange de feuilles et de pousses de jeunes plantes, notamment des épinards, de la roquette, de la chicorée, etc.

MIRIN vin de cuisson japonais, de la couleur du champagne, à base de riz et d'alcool. Il est exclusivement réservé à la cuisine et ne doit pas être confondu avec le saké.

MIZUNA salade verte aux feuilles duveteuses et effilées, d'origine japonaise. Délicate saveur moutardée.

NORI algue vendue séchée, largement utilisée dans la cuisine japonaise, comme condiment, pour décorer ou pour envelopper les sushis. Vendue dans les épiceries asiatiques, sous forme de feuilles très fines, nature ou grillées (*yaki-nori*).

NOUILLES
de riz à base de riz en poudre et d'eau, les nouilles de riz prennent des formes variées : plates et larges (« bâtons ») ou très fines (« vermicelles »). Doivent être assouplies dans de l'eau bouillante avant utilisation.

soba originaires du Japon, les nouilles soba sont à base de sarrasin et de blé. Ce sont des nouilles fines, brun pâle, vendues sèches ou fraîches, parfois parfumées, notamment au thé vert. On les consomme dans des soupes ou des sautés, ou bien froides sans accompagnement.

ŒUFS vous aurez besoin, pour certaines recettes de ce livre, d'œufs crus ou à peine cuits. Renseignez-vous sur d'éventuels problèmes de salmonelle dans votre région.

PAPAYE VERTE papaye pas mûre. Vous en trouverez dans les épiceries asiatiques. Si elle a été fraîchement cueillie, elle doit être dure, légèrement brillante. Si vous ne la consommez pas tout de suite, elle mûrira en un ou deux jours.

PATATE DOUCE tubercule farineux ou tendre et fondant selon les variétés. Les variétés à chair orange (la *kumara,* par exemple) sont les plus fondantes.

POIRE NASHI appelée aussi « pomme-poire » ou « poire asiatique », la poire nashi a plutôt la forme, la taille et la couleur d'une pomme. Croquante et juteuse, elle se conserve plusieurs mois après sa cueillette, contrairement à ses cousines européennes.

POIS CHICHES graines rondes et bosselées, couleur sable. Fermes, même après cuisson. Texture farineuse et puissante à la saveur de noisette. Vendus secs ou en conserve. S'ils sont secs, ils doivent être trempés plusieurs heures dans l'eau froide avant d'être cuisinés.

POMME DE TERRE
nouvelle il ne s'agit pas d'un type de pommes de terre particulier, mais d'une récolte précoce. Pomme de terre à peau fine, ne nécessitant pas d'épluchage.

ratte petite pomme de terre brun clair, de la longueur d'un doigt, au goût de noisette.

roseval pomme de terre à chair jaune et à peau rose. Bonne tenue à la cuisson.

POULET FUMÉ poulet entier ou blancs de poulet fumé prêts à l'emploi, vendus sous vide dans les supermarchés.

POUSSES DE MANGE-TOUT jeunes feuilles de pois mange-tout, consommées crues en salade.

PROSCIUTTO jambon italien, salé mais non fumé, séché à l'air libre, dont le jambon de Parme, originaire d'Émilie-Romagne, est le plus illustre représentant. Généralement, on ne le cuit pas.

RAIFORT plante cultivée pour ses longues racines au goût fort et piquant. On peut l'acheter frais chez certains marchands de fruits et légumes et dans certaines épiceries asiatiques, mais on le trouve surtout en conserve sous deux formes : raifort préparé et crème au raifort. Ces deux préparations ne peuvent se substituer l'une à l'autre dans une recette, mais toutes deux peuvent être servies en condiment.

crème au raifort pâte crémeuse à base de raifort râpé, de vinaigre, d'huile et de sucre.

raifort préparé raifort râpé, mariné dans du vinaigre.

RAS-EL-HANOUT classique de la gastronomie marocaine, ce mélange rassemble plus de 12 épices différentes, notamment de la cardamome, du macis, de la noix de muscade, de la cannelle et du piment.

ROMAINE variété de laitue, traditionnellement utilisée pour confectionner la salade César. Feuilles oblongues allant du vert foncé (feuilles externes) au vert très pâle (cœur). Côtes très fermes qui ont pour effet de recourber les feuilles aux deux extrémités.

ROQUETTE Plante dont les feuilles vertes au goût poivré s'utilisent crues ou cuites. Les jeunes feuilles sont moins piquantes que les grandes.

SAUCES

aux prunes sauce aigre-douce épaisse, à base de prunes, de vinaigre, de sucre, de piments et d'épices, originaire du Japon.

kecap manis appelé aussi « ketjap manis », le kecap manis est une sauce de soja sucrée, de consistance sirupeuse. Son côté sucré provient de l'adjonction de mélasse ou de sucre de palme. On l'utilise comme condiment, comme sauce d'accompagnement, comme ingrédient ou dans une marinade. En vente dans les épiceries asiatiques.

nuoc-mâm appelé aussi « nam pla », le nuoc-mâm est une sauce épicée à base de poisson fermenté, généralement des anchois. Parfum âcre et goût puissant. Il en existe du plus ou moins corsé. À utiliser selon votre goût.

soja sauce à base de graines de soja fermentées. On en trouve plusieurs variétés dans la plupart des supermarchés et dans les épiceries asiatiques. Dans les recettes de cet ouvrage, sauf indication contraire, nous avons utilisé la variété japonaise.

claire sauce soja plus fluide que la foncée. C'est aussi la plus salée. On l'utilise dans des préparations où l'on veut conserver la couleur naturelle des aliments. Il ne faut pas la confondre avec les sauces soja allégées en sel.

foncée sauce soja brun foncé, presque noire, plus épaisse que les autres. Âcre mais pas particulièrement salée. Idéale pour les marinades.

japonaise (shoyu) sauce polyvalente, pauvre en sodium, contenant plus de blé que la sauce soja chinoise. Probablement la meilleure, c'est-à-dire celle à privilégier si vous n'en voulez qu'une seule.

SUCRE DE PALME sucre non raffiné obtenu à partir de la sève du borasse. Sa couleur varie du marron clair au noir. Vous le trouverez sous forme de petits pains durs dans les épiceries asiatiques. Si vous n'en trouvez pas, remplacez-le par du sucre roux.

SUMAC arbuste sauvage très répandu sur tout le pourtour méditerranéen, dont les baies rouges violacées contiennent des graines à la saveur citronnée et acidulée. Vous le trouverez dans les épiceries orientales.

TAMARIN CONCENTRÉ résultat de la distillation du jus de tamarin, fruit du tamarinier. Il s'agit d'une pâte concentrée et compacte. S'utilise tel quel ou dilué avec un peu d'eau, selon les goûts. Vous le trouverez dans les épiceries asiatiques et dans certains supermarchés.

TATSOI de la même famille que le bok choy, le tatsoi se caractérise par ses feuilles vert foncé, en forme de spatule. Ses petites pousses à la saveur délicate se consomment crues en salade tandis que ses feuilles plus grandes s'emploient dans les soupes, les currys et les sautés.

TOMATE

allongée tomate ovale, plutôt petite, très utilisée dans la cuisine italienne. Excellente en salade. L'olivette et la roma sont des tomates allongées.

cerise mini tomate qui peut prendre des formes diverses, jaune ou rouge.

en grappe petite tomate parfumée, vendue « en grappe », sur la tige.

poire tomate en forme de poire, rouge ou jaune.

raisin tomate très petite, de la taille d'un grain de raisin. Consommée entière, en salade ou en apéritif.

verte tomate pas mûre.

TRÉVISE chicorée rouge originaire d'Italie. Goût fort, légèrement amer.

VINAIGRE

balsamique vinaigre fabriqué avec le jus de raisin blanc Trebbiano. De couleur brune, c'est un vinaigre au goût unique, à la fois doux et mordant. On en trouve à des prix très variables. Le « haut de gamme » n'est à utiliser qu'avec parcimonie !

balsamique blanc vinaigre fabriqué avec du moût (jus de raisin n'ayant pas encore subi la fermentation alcoolique) et du vinaigre de vin blanc. Doux et frais.

de cidre vinaigre à base de pommes fermentées.

de framboise vinaigre à base de framboises fraîches macérées dans du vinaigre de vin blanc.

de malt vinaigre à base de malt d'orge fermenté et de copeaux de hêtre.

de riz vinaigre à base de riz fermenté.

de vin blanc vinaigre à base de vin blanc.

de vin rouge vinaigre à base de vin rouge.

WASABI condiment japonais très relevé, vendu sous forme de poudre ou de pâte verte, généralement à base de raifort.

WONTON spécialité chinoise composée d'une farce (viande, légumes ou fruits de mer) entourée de pâte à base de farine, d'œufs et d'eau. On trouve de la pâte à wonton au rayon frais ou surgelés des épiceries asiatiques et de certains supermarchés, dans différentes épaisseurs, tailles et formes (ronds ou carrés).

Index

maraboutchef

Vous avez choisi *Les meilleures salades*,
découvrez également :

Sauces, vinaigrettes & salsas
120 recettes pour rester mince
Spécial légumes

TESTÉ 3 FOIS • SUCCÈS GARANTI • TESTÉ 3 FOIS •

Et toute la collection Marabout Chef :

BIEN-ÊTRE

120 recettes pour rester mince
21 jours pour mincir
Cuisine végétarienne
Recettes gourmandes pour diabétiques
Spécial légumes

ENTRE AMIS

Apéros et mini-bouchées
Barbecue & grillades
Best-of cakes !
Best-of verrines !
Brunchs gourmands
Cocktails avec et sans alcool
Macarons & petits biscuits
Pique nique & lunch box

PRATIQUE

100 recettes Top chrono
Confitures & bocaux
Les basiques de la cuisine française
Les meilleurs desserts
Les meilleures salades
Pain maison
Pasta
Poissons et Crustacés faciles
Recettes faciles
Sauces, vinaigrettes & Salsa
Recettes minute à la cocotte
Soupes en toute saison
Spécial pomme de terre
Spécial étudiants
Tout Chocolat

CUISINE DU MONDE

Cuisine d'Asie
Cuisine du Japon
Cuisine des Antilles
Cuisine indienne
Cuisine italienne
Spécial Maroc
Spécial Wok
Sushis et Cie
Thaï pour débutants

Traduction : Catherine Vandevyvere
Mise en pages : les PAOistes
Correction : Véronique Dussidour
Suivi éditorial : Natacha Kotchetkova

Publié pour la première fois en Australie sous le titre *Salad Days*.

Hachette Livre (Marabout) - 43, quai de Grenelle – 75905 Paris CEDEX 15

Dépôt légal : avril 2009 - 41.0904.7 - ISBN : 978-2-501-07904-4
Achevé d'imprimer en avril 2012 par Canale Bucarest, Roumanie.